A CRIANÇA E SEU DESENVOLVIMENTO

perspectivas para se discutir a educação infantil

Dados Internacionais de Catalogação na Publicação (CIP)
(Câmara Brasileira do Livro, SP, Brasil)

A criança e seu desenvolvimento : perspectivas para se discutir a educação infantil / Zilma de M. de Oliveira, (org.). – 5. ed. – São Paulo : Cortez, 2012.

Vários autores.
ISBN 978-85-249-1825-4

1. Capacidade motora em crianças 2. Crianças – Desenvolvimento 3. Crianças – Linguagem 4. Educação de crianças 5. Interação social em crianças I. Oliveira, Zilma de M. de.

12-08619 CDD-370.1

Índices para catálogo sistemático:

1. Educação de crianças : Teorias educacionais 370.1

Zilma de M. de Oliveira (Org.)

Ana Luiza Smolka • Eduardo Calil •
Ercília Angeli Teixeira de Paula •
Maria Isabel Pedrosa • Maria Nazaré da Cruz •
Maria Teresa Falcão Coelho •
Nadir Neves Nunes • Sandra Maria Sawaya •
Solange Jobim e Souza • Zilma Ramos de Oliveira

A CRIANÇA E SEU DESENVOLVIMENTO

perspectivas para se discutir a educação infantil

5ª edição
7ª reimpressão

CORTEZ EDITORA

A CRIANÇA E SEU DESENVOLVIMENTO: perspectivas para se discutir a educação infantil
Zilma de Moraes Ramos de Oliveira (Org.)

Capa: aeroestúdio
Preparação de originais: Solange Martins
Revisão: Ana Paula Ribeiro
Composição: Linea Editora Ltda.
Coordenação editorial: Danilo A. Q. Morales

Direitos para esta edição
CORTEZ EDITORA
Rua Monte Alegre, 1074 – Perdizes
05014-001 – São Paulo – SP
Tel.: (11) 3864-0111   Fax: (11) 3864-4290
e-mail: cortez@cortezeditora.com.br
www.cortezeditora.com.br

Impresso no Brasil – agosto de 2023

SUMÁRIO

APRESENTAÇÃO

A criança de zero a seis anos tem recebido crescente atenção por parte dos pesquisadores em ciências humanas. Particularmente, novas necessidades sociais referentes à educação da criança em contextos sociais diversos — não só a família mas também a creche e a pré-escola — têm suscitado investigações que aprofundam o que sabemos sobre seu modo de ser e de se desenvolver.

Sua vibrante capacidade de interagir com parceiros diversos em diferentes situações — no almoço, nas brincadeiras, nas atividades voltadas para a apropriação da língua escrita, como as que aparecem discutidas neste livro — revela um mundo que os educadores têm menosprezado muitas vezes, ocupados que estão em garantir uma perspectiva de tratamento às crianças em geral, que não as considera como sujeitos de seu próprio desenvolvimento. Todavia, este ocorre dentro de práticas sociais variadas com interlocutores que atuam como recursos para que a criança se aproprie de formas culturais historicamente construídas de reagir afetivamente a algo, de manipular objetos, de raciocinar etc.

Muitos educadores veem a infância apenas como período de carências, dado que as maneiras próprias de a criança agir e interagir não são levadas a sério. Submetidas desde cedo às imposições dos adultos, ou paparicadas e deixadas à deriva em seu desenvolvimento, deixam as crianças pequenas de contar com um ambiente organizado e estruturador daquele desenvolvimento. Por outro lado, os adultos — os pais, educadores etc. — submetidos que estão a outros contextos autoritários, também não são considerados sujeitos em desenvolvimento.

Buscamos neste livro estabelecer um olhar abrangente que nos permitisse entender a participação da criança como coautora — junto com o educador da creche ou pré-escola e com seus companheiros de idade — da situação pedagógica. A partir disso, analisamos como tem sido investigado o modo como tal participação se dá, estudando a interligação entre movimentos e linguagem, entre afetividade e cognição, e entre todos esses elementos entre si.

Felizmente existe hoje no Brasil um grande número de pesquisas com esse norte. Algumas delas são apresentadas neste volume. Realizadas como dissertações de mestrado ou teses de doutorado, ou como projeto temático de investigação envolvendo equipes de pesquisadores, trazem valiosas contribuições à área. Apontam como práticas sociais vividas em nossa cultura participam do processo de desenvolvimento da criança brasileira.

A apresentação que Solange Jobim e Souza faz da obra de Bakhtin e Vygotsky introduz importantes questões ao debate posteriormente retomado não só por ela — na discussão de dados de alunos de uma pré-escola carioca que atende crianças de uma favela — como pelos outros pesquisadores aqui presentes. As relações entre fala e pensamento, entre dialogia e constituição do sujeito que Solange traça a partir daqueles autores trazem fundamentais contribuições para a Educação Infantil.

A busca do poeta, do artista, produtores autênticos e não alienados de cultura, que se forjam na narrativa de sua própria experiência, memória viva de sua comunidade, é delineada por Sandra Sawaya. Tal busca é por ela proposta como modelo de ação para os professores, enquanto interlocutores interessados em viabilizar o diálogo das crianças com sua própria história. Este modelo combate a frequente visão homogeneizadora que muitos professores aprenderam a construir sobre as crianças, enquanto fazem sutis tentativas de obter a conformidade daquelas em tarefas em quase sempre distantes do seu cotidiano.

Se a busca é do artista que há em todo ser humano, um dos caminhos de tal busca passa necessariamente pela brincadeira infantil, estudada por Maria Teresa Falcão Coelho e Maria Isabel Pedrosa no âmbito da creche. O faz de conta que aí se constitui é um espaço privilegiado para se acompanhar como vivências em uma certa cultura, com suas inerentes contradições, são retrabalhadas pelas crianças desde pequenas na interação com seus pares de idade. Com isso podem as crianças partilhar significados e construir representações do mundo. Olhar com seriedade a atividade infantil que ocorre nessas situações possibilita que se estruturem as creches de modo que se ofereçam mais oportunidades para as interações infantis, em vez de cercear tais interações impondo às crianças um modelo de relação social centrado na figura do adulto.

O recorte do mundo e o da palavra em relação a crianças de um berçário de creche, nas interações que aí estabelecem, é retomado por Maria Nazaré da Cruz e Ana Luiza Smolka. As autoras discutem a produção de significações nas ações dos bebês e os modos de participação das educadoras nesta produção. Seguramente a discussão apresentada amplia a visão prevalecente entre muitas educadoras de creche de que o bebê é basicamente, ou apenas, um corpo a ser ministrado cuidados físicos, não o considerando como alguém capaz de estabelecer relações e de construir significações nas interações que estabelece com outros indivíduos.

Ainda em relação à creche, a atenção do leitor deste livro é posta sobre o período de almoço. Em vez de aceitar a impressão primeira, deturpada pela visão que temos da criança, de que aquela situação, tal como ocorre em muitas creches, é apenas de total bagunça inspirando preocupação, o trabalho de Ercília Maria Angeli Teixeira de Paula, no qual colaborei como interlocutora interessada e parceira de conclusões teóricas que considero valiosas, revela as importantes aprendizagens que ocorrem sob a aparência de tumulto e que vão além do aprendizado de modos considerados corretos de mastigação de alimentos e de regras de boas maneiras à mesa.

Com Nadir Neves Nunes adentramos uma pré-escola pública paulistana, acompanhando o processo de ingresso da criança de quatro anos naquela instituição, com seus atores (a professora, os colegas, a diretora e outros funcionários), suas rotinas (o lanche, a fila, a hora da história), suas regras (e como são muitas!). As formas pelas quais tal ingresso se dá atuam sobre o processo de constituição do Eu pela criança ainda em formação, na perspectiva de Henri Wallon, discutida por Nadir. Refletir sobre essas formas, apresentando aos professores certas teorias do desenvolvimento infantil, pode representar efetiva contribuição no planejamento das situações na pré-escola.

Já o artigo de Eduardo Calil nos instiga a testar nossa visão das crianças e das produções infantis à luz de novos enfoques tratados especialmente na linguística. Cenas cotidianas em uma pré-escola que já incorporou no seu fazer as ideias de atividade, de interlocução e de construção do mundo e de si mesma pela criança na interação com os objetos de conhecimento existentes em uma cultura estimulam-nos a conhecer mais aprofundadamente o processo de apropriação da língua escrita pela criança pré-escolar.

Fica agora o convite ao leitor para que debata conosco esses temas. Bom trabalho!

Zilma de Moraes Ramos de Oliveira

LINGUAGEM, CONSCIÊNCIA E IDEOLOGIA: conversas com Bakhtin e Vygotsky

*Solange Jobim e Souza**

> Chega mais perto e contempla as palavras. Cada uma tem mil faces secretas sob a face neutra e te pergunta, sem interesse pela resposta, pobre ou terrível, que lhe deres: Trouxeste a chave?
>
> *Carlos Drummond de Andrade*

O que é linguagem? Qual o seu lugar na constituição do sujeito e das ideologias? Qual o seu papel na compreensão do sujeito na sua relação com a cultura e o progresso na sociedade de classes? Nossa intenção aqui é realizar o encontro das ideias de Bakhtin com o pensamento de Vygotsky, construindo uma concepção de linguagem que dê conta dessas indagações. Quando buscamos articular o pensamento desses

* Professora da PUC-RJ e assistente técnica em Educação da Delegacia do Ministério da Educação — MEC, Rio de Janeiro.

autores sobre esse tema, a impressão primeira é de uma complementaridade fecunda. Essa complementaridade é, no entanto, marcada por diferentes caminhos na direção de um mesmo ponto essencial: a linguagem como espaço de recuperação do sujeito como ser histórico e social.

Bakhtin irá mostrar que a linguagem só pode ser analisada, na sua devida complexidade, quando considerada como fenômeno socioideológico e apreendida dialogicamente no fluxo da história. Sua concepção de linguagem vai ser construída a partir de uma crítica radical às grandes correntes da linguística contemporânea, por considerar que essas teorias não trabalham a língua como fenômeno social.

A problemática que envolve intensamente a reflexão de Vygotsky é a elaboração de uma teoria sociopsicológica da relação entre pensamento e palavra enquanto processo dinâmico, e a compreensão da linguagem como capaz de preencher funções específicas na constituição das funções psicológicas superiores e na construção da subjetividade.

Se, por um lado, Bakhtin constrói uma nova concepção de linguagem, rompendo com a linguística tradicional, por outro, Vygotsky elabora uma teoria da relação entre pensamento e palavra a partir de uma crítica radical às principais correntes e tendências da psicologia de sua época. Vygotsky admite que os métodos e princípios do materialismo histórico e dialético constituem a solução para os paradoxos científicos fundamentais que enfrentava a psicologia de então. Nesse aspecto, tanto a abordagem de Vygotsky quanto a de Bakhtin se destacaram das correntes marxistas de sua época, pois esses autores, desde então, já questionavam as concepções dialéticas que se apoiavam na causalidade mecânica da história e das relações humanas, antecipando, com isso, a crítica aos desdobramentos positivistas reinantes no interior do pensamento marxista. Por esse motivo, suas obras foram vítimas do obscurantismo stalinista, o que dificultou sua divulgação durante um longo período não só no mundo soviético, como também no mundo ocidental.[1]

Ao reunir as ideias destes autores, encontramos nos seus escritos um interesse comum em desvendar as implicações concretas e cotidianas da linguagem na vida do homem e na evolução da sociedade. Essa tendência, marcante em suas obras, os distingue das abordagens que, ao estabelecerem uma ruptura da linguagem com o mundo e com a vida, reduzem-na a um simples veículo da comunicação entre os homens. Certamente o interesse pelas artes e pela literatura é um aspecto que iria marcar de maneira decisiva a comum sensibilidade com que eles se aproximariam e discutiriam as questões da linguagem no âmbito das ciências humanas.

Ressaltamos, finalmente, que tanto Bakhtin como Vygotsky elaboraram uma teoria que coloca a linguagem como *ponto de partida* na investigação das questões humanas e sociais e também como um *desvio* que permite que as ciências humanas transitem para fora dos paradigmas cientificistas, priorizando uma abordagem ético-estética da realidade.

Embora estes autores tenham vivido e elaborado suas obras entre o final do século XIX e início deste, um diálogo real entre suas ideias depende das leituras e dos leitores que, ao longo do tempo, vão dando continuidade à reelaboração de seu pensamento num novo texto. O presente capítulo pretende retomar e dar continuidade a esse diálogo.

---

1. Para uma discussão da contextualização histórica e política da obra de Vygotsky e Bakhtin, ver Freitas (1994a).

Bakhtin: a dimensão ideológica e dialógica da linguagem

Bakhtin desenvolve sua concepção de linguagem a partir de uma crítica radical às grandes correntes teóricas da linguística contemporânea. As teorias linguísticas conhecidas até então são agrupadas por ele em duas grandes correntes: o *objetivismo abstrato*, representado principalmente pela obra de Saussure, e o *subjetivismo idealista*, representado em especial pelo pensamento de Humboldt (Bakhtin, 1981).

Bakhtin submete estas correntes a uma rigorosa crítica epistemológica, demonstrando que o objeto de cada uma delas, ao reduzir a linguagem ou a um sistema abstrato de formas (objetivismo abstrato), ou à enunciação monológica isolada (subjetivismo idealista), constitui, por si só, um obstáculo à apreensão da natureza real da linguagem enquanto código ideológico (Bakhtin, 1981).

Ao questionar, de um lado, as teses, do subjetivismo idealista e, de outro, as do objetivismo abstrato, Bakhtin se indaga sobre o verdadeiro núcleo da realidade linguística. Na sua concepção, a prática viva da língua não permite que os indivíduos interajam com a linguagem como se esta fosse um sistema abstrato de normas, posto que:

> Na realidade, não são palavras o que pronunciamos ou escutamos, mas verdades ou mentiras, coisas boas ou más, importantes ou triviais, agradáveis ou desagradáveis etc. A palavra está sempre carregada de um conteúdo ou de um sentido ideológico ou vivencial. (Idem, p. 95)

O discurso verbal é diretamente ligado à vida em si e não pode ser divorciado dela sem perder sua significação. Qualquer enunciado envolve uma série de critérios (éticos, políticos, cognitivos, afetivos) que levam em consideração muito mais do que está incluído nos fatores estritamente verbais do enunciado. São os julgamentos de valor e as avaliações que fazem com que o discurso verbal se envolva diretamente com a vida, formando com ela uma unidade indissolúvel. A língua em si, tomada isoladamente, não pode, naturalmente, ser verdadeira ou falsa, ousada ou tímida. Cada ato de fala não é só o produto do que é dado, sempre cria algo que nunca existiu antes, algo absolutamente novo e não repetitivo que se revela na *entoação*.

Para Bakhtin (1981), a característica fundamental da entoação é estabelecer uma estreita relação da palavra com o contexto extraverbal e, por isso, ela se localiza na fronteira entre o verbal e o não verbal, do dito e do não dito. A entoação é especialmente sensível a todas as vibrações da atmosfera social que envolve o falante; na entoação a palavra se relaciona com a vida. A situação extraverbal não age sobre o enunciado de fora, como uma força mecânica, mas se integra ao enunciado como uma parte constitutiva essencial da estrutura de sua significação.

Ainda segundo o autor, a separação entre a linguagem e seu conteúdo ideológico ou vivencial constitui um dos erros mais grosseiros da linguística formalista. Existem sempre modos muito diferentes de falar, muitas "linguagens", refletindo a diversidade da experiência social. O que constitui essas " linguagens" é algo extralinguístico. Na prática, somos sensíveis a essa diversidade dos atos de fala, mas a linguística não tem trabalhado a língua na sua relação com a ação humana e com a vida, e não encontrou o modo adequado de registrar a língua como fenômeno social (Bakhtin, 1981).

Bakhtin prossegue nas suas críticas afirmando que a língua é inseparável do fluxo da comunicação verbal e, portanto, não é transmitida como um produto acabado, mas como algo que se constitui continuamente na corrente da comunicação verbal. Desse modo, conclui que a reflexão linguística de caráter formal-sistemático adotou, em relação à linguagem, uma posição incompatível com uma abordagem histórica e viva da língua. Superando tanto o subjetivismo idealista como o objetivismo abstrato, assegura que:

> A verdadeira substância da língua não é constituída por um sistema abstrato de formas linguísticas nem pela enunciação monológica isolada, nem pelo ato psicofisiológico da sua produção, mas pelo fenômeno social da interação verbal, realizada através da enunciação ou das enunciações. A interação verbal constitui, assim, a realidade fundamental da língua. (Bakhtin, 1981, p. 123)

Assim sendo, a categoria básica da concepção de linguagem em Bakhtin é a interação verbal, cuja realidade fundamental é seu caráter dialógico. Para ele, toda enunciação é um diálogo; faz parte de um processo de comunicação ininterrupto. Não há enunciado isolado, todo enunciado pressupõe aqueles que o antecederam e todos os que o sucederão; um enunciado é apenas um elo de uma cadeia, só podendo ser compreendido no âmbito dessa cadeia.

Para Bakhtin, as relações dialógicas são muito particulares e não podem ser reduzidas às relações que se estabelecem entre as réplicas de um diálogo real; são, por assim dizer, muito mais amplas, heterogêneas e complexas. Dois enunciados distantes um do outro no tempo e no espaço, quando confrontados em relação ao seu *sentido*, podem revelar uma relação dialógica. Portanto, as relações dialógicas são relações de sentido, quer seja entre os enunciados de um diálogo real e específico, quer seja no âmbito mais amplo do discurso das ideias criadas por vários autores ao longo do tempo e em espaços distintos.

> Não existe nem a primeira nem a última palavra, e não existem fronteiras para um contexto dialógico (ascende a um passado infinito e tende a um futuro igualmente infinito). Inclusive os sentidos passados, gerados no diálogo dos séculos anteriores, nunca podem ser estáveis (concluídos de uma vez para sempre, terminados); sempre irão mudar, renovando-se no processo posterior de desenvolvimento do diálogo. Em qualquer momento do desenvolvimento do diálogo existem quantidades enormes e ilimitadas de sentidos esquecidos, mas, em momentos determinados do desenvolvimento posterior do diálogo, serão recordados e reviverão num contexto renovado e num aspecto novo. Não existe nada morto de uma maneira absoluta: cada sentido terá sua festa de ressurreição. Problema do grande tempo. (Bakhtin, 1985, p. 392)

Bakhtin propõe, assim, uma mobilidade infinita para as mudanças de significação, situando a permanente fluidez da palavra no amplo conjunto das transformações da cultura e da história.

Vygotsky e Bakhtin: o signo como instrumento da consciência e das ideologias

O ponto central do método materialista histórico e materialista dialético é que todos os fenômenos devem ser estudados como processos em movimento e mudança. A tarefa do pesquisador é reconstruir a origem e o curso do desenvolvimento do comportamento e da consciência. Todo fenômeno tem sua história e essa história é caracterizada por mudanças qualitativas e quantitativas (Vygotsky, 1984).

O tema que se distingue nos escritos de Vygotsky é a ênfase nas qualidades únicas da espécie humana, suas transformações e sua realização ativa nos diferentes contextos culturais e históricos. Nessa vertente, Vygotsky irá retomar, de forma criativa, as concepções de Engels sobre o trabalho humano e o uso de instrumentos. O instrumento simboliza especificamente a atividade humana, a transformação da natureza pelo homem, que, ao fazê-lo, transforma a si mesmo. Vygotsky (Idem) estendeu esse conceito de *mediação* na interação homem/ambiente pelo uso de instrumentos ao uso de signos. Os sistemas de signos (linguagem, escrita, sistema numérico etc.), assim como o sistema de instrumentos, são criados pela sociedade ao longo do curso da história humana e mudam a forma social e o nível de seu desenvolvimento cultural. Enfim, para ele, ambos são instrumentos que o homem emprega para modificar a situação a que responde; são um meio de intervenção na realidade. Entretanto, Vygotsky assinala que existe uma diferença sensível entre eles, pois o instrumento psicológico se destaca do instrumento técnico pela direção de sua ação; o primeiro se dirige ao psiquismo e ao comportamento, enquanto o segundo, constituindo também um elemento intermediário entre a atividade do homem e o objeto externo, é destinado a obter uma mudança no objeto em si.

Em Vygotsky (Idem), o uso da linguagem se constitui na condição mais importante do desenvolvimento das estruturas psicológicas superiores (a consciência) da criança. O conteúdo da experiência histórica do homem, embora esteja consolidado nas criações materiais, encontra-se também generalizado e reflete-se nas formas verbais de comunicação entre os homens sobre estes conteúdos. A interiorização dos conteúdos historicamente determinados e culturalmente organizados se dá, portanto, principalmente por meio da linguagem, possibilitando, assim, que a natureza social das pessoas torne-se igualmente sua natureza psicológica.

De acordo com Vygotsky, no desenvolvimento cultural da criança, toda função aparece duas vezes: primeiro no âmbito social e, mais tarde, no âmbito individual. Esse processo de internalização, ou seja, de transformação de um processo interpessoal em um processo intrapessoal, implica a utilização de signos e supõe uma evolução complexa em que ocorre uma série de transformações qualitativas na consciência da criança. Dessa forma, estudar a constituição da consciência na infância não se resume em analisar o mundo interno em si mesmo, mas sim em resgatar o reflexo do mundo externo no mundo interno, ou seja, a interação da criança com a realidade.

Ora, tanto Bakhtin como Vygotsky destacam o valor fundamental da palavra como o modo mais puro de interação social. Mas, se para Vygotsky o significado da palavra é a chave da compreensão da unidade dialética entre pensamento e linguagem e, como consequência, da constituição da consciência e da subjetividade, para Bakhtin, a palavra, além de instrumento da consciência, é, também, espaço privilegiado da criação ideológica.

> É preciso fazer uma análise profunda e aguda da palavra como signo social para compreender seu funcionamento como instrumento da consciência. É devido a esse papel excepcional de instrumento da consciência que a palavra funciona como elemento essencial que acompanha toda criação ideológica, seja ela qual for. (Bakhtin, 1981, p. 37)

Como vimos anteriormente, para Bakhtin, é no fluxo da interação verbal que a palavra se transforma e ganha diferentes significados, de acordo com o contexto em que surge; sua realização como signo ideológico está no próprio caráter dinâmico da realidade dialógica das interações sociais. O diálogo se revela uma forma de ligação entre a linguagem e a vida, permitindo que a palavra seja o próprio espaço onde se confrontam os valores sociais contraditórios. Esses conflitos o dinamizam o processo de transformação social, o qual irá refletir-se irremediavelmente na evolução semântica da língua. Cabe ressaltar, contudo, que a evolução semântica da língua é abordada, em cada um desses autores, a partir de ênfases distintas, a saber: Vygotsky trabalha a evolução semântica da língua tendo como referência as transformações do significado da palavra ao longo do desenvolvimento do sujeito; Bakhtin amplia essa perspectiva, tratando de desvendar a evolução semântica da língua a partir do confronto ideológico dos valores sociais contraditórios ao longo da história social humana. Seu interesse é incluir, no âmbito de sua análise, os mecanismos específicos pelos quais o contexto ideológico exerce uma influência constante sobre a consciência individual e vice-versa. Cabe a nós articular essas duas perspectivas para alcançarmos uma compreensão mais abrangente da infância e da linguagem na constituição da subjetividade e das ideologias.

A substituição do postulado da imutabilidade do significado das palavras pela tese de que o significado das palavras evolui e se modifica é um dos aspectos mais importantes presente tanto em Vygotsky quanto em Bakhtin e constitui a base de suas ideias oposicionistas, não só em relação às teorias psicológicas, como também à linguística contemporânea. A problemática sobre a qual Vygotsky direciona sua investigação não é propriamente a crítica da língua enquanto sistema (discussão presente na obra de Bakhtin), mas de um modelo de produção de pensamento, no qual a linguagem assume um lugar predominante e preenche funções específicas. Seu objetivo principal foi elaborar uma compreensão da relação entre pensamento e a palavra enquanto processo dinâmico, enquanto realização do pensamento em palavra.

Vygotsky afirma que o pensamento não tem um equivalente imediato; por isso, sua transição para a palavra passa, necessariamente, pelo significado. "O significado de uma palavra", diz Vygotsky, "representa um amálgama tão estreito do pensamento e da linguagem, que fica difícil dizer se se trata de um fenômeno da fala ou de um fenômeno do pensamento" (1987, p. 104). Acrescenta, ainda, que os significados das palavras são formações dinâmicas que se modificam e evoluem à medida que a criança se desenvolve e de acordo com as várias formas pelas quais o pensamento funciona. Em vista disto, uma análise da interação do pensamento e da palavra deve começar com uma investigação das fases e dos planos diferentes que um pensamento percorre antes de ser expresso em palavras.

O que essencialmente Vygotsky nos transmite, a partir dessa análise da relação entre pensamento e fala, é que o pensamento tem sua própria estrutura e que a transição dele para a fala é algo que ocorre mediante mecanismos específicos. Na mente do interlocutor, o pensamento acontece como uma totalidade e num só momento, mas, para que ele se torne uma realidade para um ouvinte qualquer, é necessário desenvolvê-lo numa sequência de palavras. Vygotsky compara essa transição do pensamento à sua concretização no ato de fala a uma nuvem descarregando uma chuva de palavras.

Na medida em que as palavras no pensamento são plurivalentes, Vygotsky assegura que todas as frases que dizemos na vida real possuem algum tipo de *subtexto*, quer dizer, um pensamento oculto por trás delas. Por trás de cada pensamento há desejos, necessidades, interesses e emoções fazendo com que a compreensão do que dizemos dependa substancialmente da interação do nosso ouvinte com essa base afetivo-volitiva. A compreensão é o resultado do nível de interação que os indivíduos conseguem estabelecer entre o verbal e o extraverbal, entre a palavra e o afetivo-emocional que flui na interação entre as pessoas. Ora, tanto Vygotsky quanto Bakhtin ressaltam que, no diálogo, as expressões faciais, os gestos, o tom das vozes e um conhecimento mútuo do tema, enfim, tudo aquilo que constitui o valor apreciativo que os interlocutores conferem ao tema do referido diálogo é, por assim dizer, parte integrante da compreensão diferenciada do significado das palavras nesse diálogo específico.

Em síntese, o que se evidencia nas ideias teóricas de Vygotsky e Bakhtin é a intenção de resgatar uma concepção de linguagem que leve em consideração os múltiplos sentidos que uma palavra pode alcançar, sentidos esses que estão, de certo modo, contidos propriamente entre o verbal e o extraverbal. Uma tal concepção de linguagem tem profundas consequências sobre o que constitui a verdade na teoria do conhecimento. Para Bakhtin, a verdade não se encontra no interior de uma única pessoa, mas está no processo de interação dialógica entre pessoas que a procuram coletivamente. Dessa forma, a unidade do mundo está nas múltiplas vozes que participam do diálogo da vida. Assim como não há nem a primeira nem a última palavra, também não existe nem a primeira nem a última verdade, mas verdades que se constituem na linguagem e por meio dela, continuamente ao longo da história. A unidade do mundo é polifônica.

A constituição do sujeito

Bakhtin e Vygotsky não realizaram propriamente uma análise específica da linguagem no cotidiano da criança. Entretanto, a concepção de linguagem por eles construída nos remete para um novo olhar e uma outra compreensão do papel das trocas verbais na formação das ideologias e na constituição da subjetividade da criança. Os enunciados construídos a partir da interação verbal exprimem e realimentam a ideologia do cotidiano. A ideologia do cotidiano é um termo utilizado por Bakhtin para explicitar o domínio da palavra interior e exterior, desordenado e ainda não fixado num sistema. A ideologia do cotidiano se expressa por meio de cada um de nossos atos, gestos ou palavras, permitindo que os sistemas ideológicos constituídos (moral, arte, religião, política, ciência...) cristalizem-se a partir dela. Dizendo de outra maneira, os sistemas ideológicos constituídos e a ideologia do cotidiano se reconstroem mutuamente, numa interação dialética constante.

Desse modo, permitindo uma redefinição do lugar que a criança ocupa na constituição dos valores que transitam em nosso contexto social, esses autores nos orientam na direção das seguintes indagações: como a criança apreende o discurso de outrem? Como ela experimenta as palavras do outro na sua consciência? Que concepção de mundo se explicita na sua linguagem? Como sua palavra revela a ideologia do cotidiano? Como essas manifestações da ideologia do cotidiano questionam ou alimentam os sistemas ideológicos constituídos? Enfim, como se articula a consciência da criança com a lógica da comunicação ideológica?

Essas questões só podem ser plenamente respondidas pela própria linguagem viva, pela linguagem acontecendo no cotidiano das falas infantis. Assim sendo, destacamos a seguir um diálogo ocorrido entre quatro crianças (Juan, cinco anos; Elaine, cinco anos; Aílton, seis anos; Renato, seis anos) que frequentam uma pré-escola comunitária situada numa favela da Zona Sul do Rio de Janeiro.[2]

JUAN E ELAINE

Adulto: Vocês gostam de vir aqui?

Juan: Gosto. Porque a gente aprende tudo.

Elaine: A ler, a desenhar, brincar, aprender.

Juan: Aprende a não fazer bagunça.

Adulto: E quando vocês fazem bagunça, o que acontece?

Juan: A tia fala com nós. Com o Aílton e com o Renato ela grita, com nós não.

Elaine: Quando ela fala, a gente atende.

Adulto: A tia já colocou vocês de castigo alguma vez?

Juan: Não. Só o Aílton e o Renato.

Elaine: Eles fazem muita bagunça. Se não botar eles de castigo, eles ficam batendo em todo o mundo.

2. A escolha dessas crianças se deu da seguinte maneira: ao solicitarmos à professora que nos indicasse duas crianças para uma entrevista, ela apontou Juan e Elaine. Evidentemente que essa escolha não estava isenta de um sentido próprio que ela conferiu a essa situação. Devido ao fato de essas duas crianças terem organizado o tema de suas falas a partir de críticas ao comportamento de dois de seus colegas no contexto escolar, decidimos, então, ouvir Aílton e Renato, para confrontar as expectativas e desejos que eles tinham em relação ao ambiente da pré-escola com a opinião de seus colegas. Como veremos, ao adotarmos essa estratégia, o espaço interpretativo de nossas indagações se alterou totalmente.

Juan: A tia não é boa com eles não.

Adulto: Ela é boa com quem?

Juan: Com a gente. Porque a gente não faz bagunça.

Elaine: Se o Aílton ficasse bom como a gente, ele não ia ficar de castigo, mas como ele é ruim, bota de castigo.

Juan: Eu gosto de todo mundo daqui, menos do Aílton e do Renato.

Elaine: Ninguém vai gostar deles dois.

Juan: Quando ele ir para outra escola, só vai aprender a rabiscar.

Elaine: Eles tem que ir para o colégio interno.

Para Juan e Elaine, o valor da escola é diretamente relacionado com as possibilidades de aprendizagem e lazer que esta oferece. Mas, para expressar essa opinião, eles preferem falar a partir do seu oposto, quer dizer, da própria negação desses valores, que se revela através do modo como percebem seus colegas, Aílton e Renato. Tanto Juan como Elaine possuem uma imagem bastante negativa desses seus colegas.

Admitem explicitamente que ambos estão fadados ao fracasso escolar e reproduzem em suas falas a discriminação social que, começando a operar desde cedo, reforça a estratificação social e econômica com base nas interações socioafetivas que ocorrem no interior do contexto escolar. Na opinião de Juan, tanto Aílton como Renato só irão aprender a rabiscar, ou seja, não têm condição de aprender a escrever como ele, Juan, demonstra ter. O individualismo e a competição se evidenciam na fala das crianças, revelando o tipo de modelização das relações socioafetivas que estão presentes no contexto escolar e que refletem o tipo de opressão também presente no conjunto da sociedade.

Vejamos como, em contrapartida, Aílton e Renato se percebem nesse mesmo contexto.

AÍLTON E RENATO

Adulto: Vocês gostam de vir aqui?

Renato: Gosto. Porque a escola é muito bom. Porque dá brinquedo para mim. No dia do Papai Noel, dá tudo pra gente.

Aílton: Por isso a gente gosta. Porque o Papai Noel vem aqui.

Renato: Por causa dos palhaços daqui.

Adulto: E o que vocês gostam de fazer na escola?

Renato: Ué! Brincar.

Aílton: Gosto de fazer comida!

Renato: A gente gosta de varrer a sala.

Aílton: Pra nossa sala ficar bonita. Tudo que ela mandar eu faz.

Adulto: Você gosta de escrever?

Aílton: Eu gosto de ir para outro lugar.

Adulto: Que outro lugar?

Aílton: Aqui nesse morro vai cair tudinho. Lá no prédio é que não cai, né? O prédio tem uma força, né?

Adulto: Você quer morar onde?

Aílton: Eu quero morar no Rio-Sul.

Adulto: Por quê?

Aílton: Porque no morro a casa fica caindo quando chove. A chuva danada derrubou o barraco do meu pai.

Renato: Minha casa é de tijolo. A minha não cai não.

Aílton: Eu vou morar em Caxias porque minha mãe, minha mãe... minha casa está podre.

Renato: Pra minha não cair, minha mãe vai fazer uma casa de tijolo.

Aílton e Renato apresentam expectativas diferentes em relação à escola. Seus depoimentos se distinguem nitidamente dos depoimentos de seus colegas, deixando, assim, transparecer que, nesse caso, a dinâmica das relações socioafetivas desse ambiente escolar, para eles, se realiza numa outra direção. Por isso, enfatizam preferencialmente as coisas materiais a que o ambiente da pré-escola lhes permite ter acesso. As conquistas intelectuais e a aprendizagem escolar propriamente ditas não são abordadas por eles no diálogo. Ao serem indagadas sobre o que gostam de fazer, essas crianças não mencionam qualquer atividade que envolva a aquisição de conhecimentos formais, ou seja, conhecimentos que são prestigiados em nossa sociedade. Em contrapartida, afirmam "gostar" dos trabalhos domésticos, como varrer a sala, arrumar, fazer comida... Isso nos suscita uma indagação. Serão essas as solicitações mais frequentes ou, até mesmo, as únicas solicitações que essas crianças recebem no ambiente escolar ou na família? Essa questão nos leva a refletir sobre o quanto a criança, por meio da família, da TV, da escola, se engaja num processo complexo de formação da sua subjetividade, ao termo do qual deverá estar adaptada às funções produtivas e sociais que a esperam na sociedade.

Ao ser indagado sobre a sua escrita, Aílton muda de assunto repentinamente, alegando querer ir para outro lugar. Aílton se "expressa fora do assunto", a partir de uma posição que mostra qual é o seu desejo. Como diz Guattari (1987), em família ou na escola, normalmente se reprime a criança por estar "fora do tema". É preciso estar sempre no "assunto", na "linha", mas o desejo, por sua própria natureza, tem sempre a tendência de "sair do assunto", "sair do tema" e derivar. Se nos permitirmos essa escuta da criança, quer dizer, nos deixarmos ser orientados a partir do desejo que ela expressa na palavra "fora do tema", podemos certamente, com ela, construir uma outra compreensão do seu próprio texto, ou melhor, ir ao encontro do subtexto presente em qualquer ato de fala, deixando revelar tudo aquilo que se esconde no contexto da aparência enganosa da realidade.

Nesse pequeno fragmento que apresentamos, Aílton e Renato mostram ter seus pensamentos completamente absorvidos pela precariedade de suas condições de moradia e de vida na favela. O tema inicial da conversa se dissolve, dando espaço para o surgimento das contradições de viver numa sociedade "modernamente" instalada entre favelas e luxuosos *shoppings* (no caso específico, as crianças se referem ao *shopping* Rio-Sul). O verbo *ter* torna-se, assim, muito mais significativo, a ponto de seu valor apreciativo suplantar, na fala dessas crianças, o verbo *aprender*.

A dialética da subordinação e do controle a que essas crianças estão submetidas revela como a hierarquia da estratificação social se repete no interior das classes populares, renovando a força da marginalização entre seus próprios pares. De fato, no diálogo que apresentamos, evidencia-se de forma surpreendente o modo como as crianças são capazes de assumir os mecanismos de modelização da ordem dominante.

As crianças não conseguem escapar das suposições preconceituosas que a sociedade de classes lhes transmite, as quais, modelando suas atitudes e comportamentos, acabam por perpetuar a discriminação e a injustiça social. Ora, a produção e reprodução do sistema de valores em nosso contexto social não se perpetuam automaticamente; portanto, a questão da educação não pode ser encarada de maneira ingênua. Sabemos que a "bem-sucedida" desumanização das relações sociais na sociedade de classes depende, fundamentalmente, do modo como crianças e adultos "interiorizam" princípios e valores que reforçam e consolidam o próprio funcionamento das relações de produção e consumo na sociedade capitalista. A tarefa da educação é agir no sentido de superar ou transcender positivamente o processo de alienação a que o homem é submetido cotidianamente no campo de suas relações sociais, afetivas, culturais e econômicas. O texto da criança nos coloca frente a frente com o mundo tal qual idealizado e construído por nós, quer seja nos seus aspectos perversos ou estigmatizantes, quer seja na sua dimensão crítica e transformadora da ordem estabelecida. Portanto, escutar a criança é uma oportunidade de retomarmos, a partir de seu ponto de vista, um olhar crítico sobre o mal-estar da nossa cultura.

Retomando as questões propostas por Bakhtin, podemos situar a compreensão dos diálogos apresentados numa dimensão ainda maior e mais complexa. Para o autor, ser significa ser para o outro e, por meio do outro, para si próprio. O território interno de cada um não é soberano: é com o olhar do outro que nos comunicamos com nosso próprio interior. Tudo que diz respeito a mim, assegura Bakhtin, chega à minha consciência mediante a palavra dos outros, com sua entoação valorativa e emocional. Do mesmo modo que o corpo da criança, inicialmente, se forma no interior do corpo da mãe, a consciência do homem desperta a si própria envolvida na consciência alheia (Bakhtin, 1985).

Ao retornar para si o olhar e as palavras impregnadas de sentidos que o outro lhe transmite, a criança acaba por construir sua subjetividade a partir dos conteúdos sociais e afetivos que este olhar e estas palavras lhe revelam. Com Bakhtin, podemos nos acercar das conversas infantis, percebendo o quanto importa o sentido do olhar e das palavras que dirigimos às crianças. Mas o sentido da realidade não se esgota nas interações entre olhares e palavras que ocorrem entre as pessoas: está presente também nos objetos inventados pelo homem e que existem ao nosso redor. Cada época e cada grupo social têm seu repertório de criações materiais e formas de discurso que funcionam como um espelho que reflete e refrata o cotidiano. A palavra é a revelação de um espaço onde os valores fundamentais de uma dada sociedade se explicitam e se confrontam.

A partir dessa análise, que coloca a centralidade da palavra ou do *signo linguístico* na constituição das ideologias e da consciência do indivíduo, podemos entender dialeticamente a relação recíproca entre infraestrutura e superestrutura. A essência do problema é explicitar como a realidade, no plano socioeconômico (infraestrutura), determina o signo, ou como o signo linguístico reflete e refrata a realidade em transformação. Para explicitar melhor essa questão, nada melhor do que as palavras de Bakhtin:

> As palavras são tecidas a partir de uma multidão de fios ideológicos e servem de trama a todas as relações sociais em todos os domínios. É portanto claro que a palavra será sempre o indicador mais sensível de todas as transformações sociais, mesmo daquelas que apenas despontam, que ainda não tomaram forma, que ainda não abriram caminho para sistemas ideológicos estruturados e bem formados. A palavra constitui o meio no qual se produzem lentas acumulações quantitativas de mudanças que ainda não tiveram tempo de adquirir uma nova qualidade ideológica, que ainda não tiveram tempo de engendrar uma forma ideológica nova e acabada. A palavra é capaz de registrar as fases transitórias mais íntimas, mais efêmeras das mudanças sociais. (Bakhtin, 1981, p. 41)

Referências bibliográficas

BAKHTIN, M. M. *Marxismo e filosofia da linguagem*. São Paulo: Hucitec, 1981.

______. *Discurso na vida e discurso na arte*. S/d. (Mimeo.)

______. *Estética de la creación verbal*. México: Siglo Vientiuno, 1985.

FARACO, C. A. et al. *Uma introdução a Bakhtin*. Curitiba: Hucitec, 1988.

FREITAS, M. T. A. *Vygotsky e Bakhtin — psicologia e educaçao*: um intertexto. São Paulo: Ática, 1994a.

______. *O pensamento de Vygotsky e Bakhtin no Brasil*. Campinas: Papirus, 1994b.

GUATTARI, F. *Revolução molecular*: pulsaçoes políticas do desejo. São Paulo: Brasiliense, 1987.

JOBIM E SOUZA, S. *Infância e linguagem*: Bakhtin Vygotsky e Benjamin. Campinas: Papirus, 1994.

MORSON, G. S.; EMERSON, C. *Mikhail Bakhtin*: creation of prosaics. Stanford: Stanford University Press, 1990.

TODOROV, T. *Mikhail Bakhtin*: the dialogical principle. Minneapolis: University of Minnesota Press, 1988.

VYGOTSKY, L. S. *The psychology of art*. Cambridge: Cambridge MIT Press, 1971.

______. *A formação social da mente*. São Paulo: Martins Fontes, 1984.

______. *Pensamento e linguagem*. São Paulo: Martins Fontes, 1987.

NARRATIVAS ORAIS E EXPERIÊNCIA: as crianças do Jardim Piratininga

*Sandra Maria Sawaya**

Em 1992, movida por um desejo de conhecer um pouco da vida e dos diversos usos da linguagem oral das crianças de classes populares, fui estudar um grupo de crianças de zero a nove anos e suas famílias em um bairro da periferia de São Paulo. Esse estudo, objeto de minha dissertação de mestrado (Sawaya, 1992), trouxe entrementes algumas perspectivas de análise que gostaria de apresentar neste capítulo, tomando como base as contribuições trazidas pelo filósofo alemão Walter Benjamin (1892-1940), no que diz respeito ao conceito de experiência e sua relação com as narrativas orais, que deram origem a sua Teoria da Narração.

A aproximação entre a experiência vivida pelas crianças e as formas narrativas que seu relato ganha em suas falas pareceu aproximar-nos de uma das problemáticas a que Walter Benjamin se dedicou: a morte do "narrador" no mun-

* Professora assistente do Departamento de Psicologia e Educação da Faculdade de Filosofia, Ciências e Letras de Ribeirão Preto-USP.

do capitalista moderno e a necessidade "de sua reconstrução para garantir uma memória, uma palavra comum, isto é, o não esfacelamento do social" (Gagnebin, 1989).

O que procurarei discutir é essa nova faceta que a linguagem oral dessas crianças, filhas de famílias de baixa renda, veio revelar: o trabalho que empreendem, por meio da linguagem, na busca de um sentido para sua existência, tendo como eixo central a troca de experiências, o contar e recontar as várias histórias que vão reunindo no curto espaço de tempo de sua existência.

O conceito de *experiência* em Walter Benjamin

A atrofia da *experiência*, provocada pelas novas formas de sociabilidade criadas na modernidade, é um dos temas caros a Walter Benjamin. Segundo ele, a experiência comum, compartilhada pelos vários membros de uma sociedade, calcada na memória e que garantiria a existência de uma experiência coletiva e de "uma história" dos homens, está em plena crise no mundo capitalista contemporâneo.

É nas diversas formas de comunicação — que trouxeram a substituição da antiga forma narrativa pela informação (da qual o jornal é seu exemplo mais rico) e da informação pela sensação (da linguagem televisiva, da fotografia, do cinema etc.) — que Walter Benjamin localiza alguns dos indícios das mudanças provocadas na estrutura da percepção e dos significados do homem moderno.

A informação veio "isolar os acontecimentos do âmbito onde pudessem afetar a experiência do leitor" (Benjamin, 1989, p. 106) e, fragmentada, descontextualizada do seu lugar de origem, reduziu a possibilidade de que os acontecimentos, retirados do contexto em que ganhavam seus sentidos, pudessem ser incorporados à *experiência* do sujeito. É a linguagem televisiva, da imprensa, que lhes empresta agora seus significados. Também a informação jornalística — que tem seus princípios na novidade, na concisão, na falta de conexão entre uma notícia e outra — contribuiu para a morte de uma das mais antigas formas de comunicação, a narrativa, atrofiando o sujeito que narra e que, ao narrar, transmite os acontecimentos aos ouvintes, integrando-os a sua vida, a sua *experiência*. Assim, uma das mais antigas formas de transmissão de um saber, de uma ética, de um conselho, tem perdido seu lugar nos tempos modernos.

Para Walter Benjamin, são as imagens, construídas ao longo da nossa existência, por meio de uma memória involuntária e voluntária, numa conjunção na memória de conteúdos do passado individual e outros do passado coletivo, que vão nos permitindo construir uma imagem de nós mesmos, que nos permitem formar uma ideia de nós, independentemente da nossa vontade. São essas sucessivas imagens as experiências que costuram, para cada um de nós, nossa identidade e história pessoal.

Com a atrofia da *experiência*, é a identidade de cada um que entra em crise, é a constituição de cada um como sujeito que se torna problemática, surgindo assim o terreno fértil para a alienação a que está sujeito o homem contemporâneo.

A *experiência* tem, portanto, uma determinação histórica e está circunscrita na memória de cada um de nós, o que faz com que seja necessária a compreensão da estrutura da memória para que se possa compreender a *experiência*, matéria da tradição. Mas não são os fatos isolados e fixados na memória que formam a experiência de cada um; antes, porém, os dados acumulados, com frequência inconscientes, trazem as marcas da situação em que foram criados e pertencem ao inventário do indivíduo.

Não se trata, portanto, simplesmente de uma conjunção das possíveis vivências pelas quais o indivíduo passou em sua vida; decorrente de processos mais inconscientes do que conscientes, a

> *Erfahrung* (*experiência*) é o conhecimento obtido através de uma experiência que se acumula, que se prolonga, que se desdobra, como numa viagem; o sujeito integrado numa comunidade dispõe de critérios que lhe permitem ir sedimentando as coisas com o tempo. *Erlebnis* é a vivência do indivíduo privado, isolado, é a impressão forte, que precisa ser assimilada às pressas, que produz efeitos imediatos. (Konder, apud Benjamin, 1989, p. 146)

Quando a transmissão da *experiência* entra em crise, já não oferece uma base segura para a constituição da subjetividade, ou seja, deixa de fornecer as referências que permitem que se compartilhe uma experiência coletiva, isto é, que permitem aos vários sujeitos compartilhar um mesmo universo de prática e de linguagem.

Para Walter Benjamin, a degradação da *experiência* culmina com o fim da arte de contar, ou seja, com a morte da narrativa oriunda de uma organização social que permitia aos vários sujeitos, ao trocar suas experiências, constituir uma memória coletiva, uma história, uma tradição, enfim, uma identidade. A experiência do homem contemporâneo é a do indivíduo solitário da sociedade de massas, que procura reunir seres isolados em sua privacidade mediante a "democratização da informação", e não pelo compartilhar de *experiências* comuns.

Recorrendo a uma análise das poesias de Baudelaire e de seu público leitor ante as mudanças que a modernidade trouxe à sociedade e à própria experiência criadora da obra de arte e da poesia lírica em particular, Walter Benjamin (1989, p. 115) destaca dois aspectos que marcaram tanto a poesia de Baudelaire quanto os leitores modernos: a imagem do "choque" e o "contato com as massas urbanas" — fenômenos que nascem com a concentração nas cidades de uma "multidão amorfa de passantes, de simples pessoas nas ruas" e os consequentes choques dos corpos, do olhar, da atenção de figuras anônimas "que passam uns pelos outros, como se não tivessem absolutamente nada em comum" (Idem, p. 115).

Walter Benjamin faz das reflexões sobre a obra de Baudelaire a possibilidade de análise da crise de identidade do homem moderno e de caracterização das vivências na cidade do sujeito anônimo e solitário. Baudelaire vive a experiência da massa e, de seu interior, recupera o sujeito e o âmago de seus sentimentos, aspecto cada vez mais distante da compreensão do homem contemporâneo por ele mesmo. "O homem moderno não elabora sua vivência e sua *experiência*", seu tempo é de catarse e não de reflexão e contemplação como no caso do homem do século XIX. "A vivência do choque sentido pelo transeunte na multidão corresponde à vivência do operário com a máquina" (Benjamin, 1989, p. 126).

Ao captar as mudanças ocorridas nas condições de receptividade da poesia lírica pelo leitor contemporâneo, Baudelaire revela-as decorrentes das mudanças provocadas na própria estrutura da *experiência* desse leitor. O distanciamento entre a *experiência* transmitida pelo narrador e seu ouvinte dá lugar a uma experiência particular vivida pelo indivíduo solitário, que se caracteriza pelas vivências que causaram impacto, choque, sensações repentinas e passageiras e que, por suas próprias características, não se incorporaram como *experiência* na memória do sujeito. A obra de Baudelaire mostra também que essas mudanças ocorreram não somente no público leitor mas no próprio poeta. A multidão que caracteriza o mundo moderno impregnou de tal forma o olhar do poeta que é por meio dela que ele pode olhar Paris — vista sempre como cidade grande, superpovoada. Mas é do olhar desse cenário que ele olha também uma passante que se destaca na multidão, visão fugidia "que fascina o habitante da cidade grande", e que se caracteriza por ser um instante cuja visão é trazida pela própria multidão, e que vai passar. Seu encanto está justamente no fascínio produzido pelo momento, pela imagem de um choque, de um repente que acomete o passante anônimo e solitário e o transforma num sujeito apaixonado. "O encanto desse habitante da metrópole é um amor não tanto à primeira quanto à última vista" (Benjamin, 1989, p. 118).

As análises de Benjamin sobre o empobrecimento do homem contemporâneo parecem vir ao encontro das afirmações de Hanna Arendt, para quem o derradeiro indivíduo que restou, que não sucumbiu às condições impostas pela sociedade de massa (falta de padrões, inaptidão para julgar, alienação do mundo, egocentrismo) foi o artista, "autêntico produtor daqueles objetos que toda civilização deixa atrás de si como quintessência e o testemunho duradouro do espírito que a animou" (Arendt, 1972, p. 252).

Mas se ao poeta, tanto para Benjamin como para Hannah Arendt, é dada a possibilidade da verdadeira *experiência* numa sociedade de massas, parece restar ao homem moderno a vivência do choque e da alienação, imerso que está em uma multidão amorfa de passantes anônimos e num processo de trabalho alienado. Ao falar das "vivências" do homem moderno, Benjamin parece assumir posições bastante pessimistas — "os transeuntes se comportam como se adaptados à automatização só conseguissem se expressar de forma automática" (Benjamin, 1989, p. 126), aspecto este que pode se aplicar às várias vivências, tais como a do professor na escola, junto a seus alunos e colegas de trabalho.

Recorrendo às comparações feitas por Alain sobre os jogos de azar e o indivíduo ocioso, e a sua paradoxal semelhança com o trabalho dos operários numa fábrica, Benjamin (1989, p. 128) destaca o sentimento de vazio, de inutilidade, de isenção de um conteúdo, inerentes à atividade do trabalhador assalariado e do jogador.

> Há algo de comum oculto nos vários comportamentos: as figuras em questão demonstram como o mecanismo a que se entregam os jogadores dos jogos de azar se apossa deles, corpo e alma, de tal forma que mesmo em sua esfera pessoal, não importando quão apaixonados eles possam ser, não podem atuar senão automaticamente. Eles se comportam como os passantes no texto de Poe. Vivem sua existência de autômatos e se assemelham às personagens fictícias de Bergson, que liquidaram completamente a própria memória. (Benjamin, 1989, p. 128)

Os relatos orais e a transmissão da experiência

A imprensa, a fotografia, o cinema, já o dissemos, entre outros, são alguns dos exemplos em Benjamin de como a modernidade vem reduzindo as chances de cada indivíduo poder integrar a sua *experiência*, os fatos exteriores. Englobados que estão nos produtos da chamada cultura de massa e, mais propriamente, da indústria cultural, são eles produtos "adaptados ao consumo das massas" e por elas determinados, passando a constituir um sistema que produz bens a serem consumidos por um determinado público (Adorno, 1978). As suas características — a persuasão, o conformismo substituindo a autonomia e a consciência do sujeito —, a forma ideológica, estereotipada com que transmite significados, vêm ocupar lugar privilegiado na transmissão cultural e, por consequência, na alienação do próprio indivíduo.

Desse quadro também a escola não está separada. Como instituição à serviço da formação desse sujeito, ela compartilha as mesmas formas de comunicação, transmissão cultural e sociabilidade criadas na modernidade: a visão distorcida e simplificada com que transmite significados, a maneira estereotipada com que se relaciona com sua clientela e com seus pares.

O pessimismo dessa visão mas também a agudeza de sua análise nos levam à questão: seria possível, sobre essa camada que recobre, ou melhor, constitui o homem da modernidade, reencontrarmos o sujeito na sua historicidade, nas suas *experiências* (no sentido que lhes dá Benjamin)? Seria possível reconstituir também a escola como espaço de redescoberta desse sujeito em suas *experiências*, em sua historicidade?

Um dos campos de estudo que vêm refletindo sobre essa questão, e que traz contribuições fundamentais para se repensar a escola, é o da "cultura popular". Partindo das concepções de Gramsci (1968), que distingue uma realidade cultural imposta de cima para baixo de uma realidade cultural estruturada a partir das relações internas na sociedade, alguns autores (Bosi, 1986; Xidieh, 1967; Florestan Fernandes, 1961; Antonio Candido, 1965, entre outros) vêm procurando revelar que existe uma cultura criada *pelo povo*, que articula uma concepção do mundo e da vida, em contraposição aos esquemas oficiais. Bosi (1986, p. 64) ressalta que há na "cultura popular extratos fossilizados, conservadores, e até mesmo retrógrados, que refletem condições de vidas passadas, mas também há formas criadoras, progressistas, que contradizem a moral dos estados dirigentes".

Recolhendo depoimentos e formas populares de manifestação cultural — literatura de cordel, adivinhas e passatempo —, leituras feitas por operários, as festas, as danças, as crendices etc., esses estudos vêm procurando revelar a complexidade da "existência" e da "*experiência*" que "constituem a cultura popular". Segundo o ponto de vista desses autores, subsistem ainda, de uma forma atual e viva, "uma educação informal", que se dá ao lado daquela imposta pela indústria cultural e que participa de maneira ativa na constituição dos quadros de referência, da percepção e da perpetuação de um universo simbólico que pode auxiliar na integração do homem do campo aos elementos urbanos já afetados por novas tecnologias. Em outras palavras, a experiência se faz presente nas formas de apropriação pelo homem do campo dos novos padrões culturais da cidade.

No nosso modo de entender, essas são algumas das possibilidades em que se podem vislumbrar "atitudes contemporâneas" não completamente alheias à *experiência* de que fala Benjamin. Dito de outro modo, subsistem ainda formas de apropriação cultural (das quais a cultura popular é um exemplo) cuja recorrência à experiência, à tradição, à memória de um passado (por meio, por exemplo, das crendices, mitos, rituais, cerimônias — não sem modificações e momentos de crise), ainda persistem e em que é possível vislumbrar formas de resistência a processos alienantes.

Walter Benjamin (1989), por sua vez, também localiza nas narrativas infantis um lugar privilegiado onde a experiência está em conjunção com a memória, com os conteúdos do inventário pessoal e do passado coletivo, tal como vislumbra a obra de Proust.

Assim como Benjamin, Arrigucci (1987) encontra em Julio Cortazar um dos poucos representantes modernos da velha arte de contar histórias, nascida da visão infantil que "permaneceu" no poeta, produzindo uma ruptura da percepção rotineira com que o homem contemporâneo está acostumado a olhar a realidade. A criança permaneceu no artista Cortazar, permitindo-lhe criar uma linguagem que se aproxima da *experiência*, conjunção de um passado que se presentificou no poeta.

Mas a narrativa, como lugar em que a tradição, a memória, a experiência de cada indivíduo tece os seus fios, tem sido também matéria de trabalho para os cientistas sociais. Algumas tendências recentes entre as pesquisas em ciências sociais têm feito do relato das histórias de vida dos sujeitos pesquisados uma técnica de pesquisa eficaz, que auxilia o pesquisador a encontrar, mediante a narrativa, aquilo que busca e que pode não coincidir com os interesses que moveram o narrador na organização do seu relato (Queiroz, 1988).

As considerações de Benjamin, entretanto, parecem apontar outro sentido: o que há na narrativa de precioso é justamente a possibilidade de descobrir o indivíduo na sua subjetividade, naquilo que ele traz de original, de único, aquilo que é uma recriação singular de uma percepção de mundo que rompe a leitura massificada imposta aos indivíduos na modernidade, aspecto esse que foge à consciência e à percepção do próprio indivíduo de si mesmo. Daí que o lugar do pesquisador coincide com o do crítico literário, com o do poeta (como Benjamin encontra em Baudelaire), que ajuda o próprio narrador a ressignificar seu relato, encontrando nele o sujeito da sua experiência, aguçando uma nova sensibilidade, buscando sentidos diferentes no universo do outro, a maneira singular pela qual o universo do outro foi constituído. O pesquisador, nesse contexto, tem o lugar do interlocutor que vai ajudando o narrador a reconstruir sua própria história, a retomar as *experiências* de que foi espoliado, experiências destituídas de valor pela sociedade moderna.

As crianças e suas narrativas orais

O meu trabalho de pesquisa tinha por objetivo discutir a hipótese, há muito defendida por estudiosos da educação, de que as crianças de classes populares têm um déficit de linguagem proveniente das suas condições precárias de vida e que as impede de aprender a ler e escrever, resultando no seu fracasso escolar.

Parti então para um estudo etnográfico do uso da linguagem verbal das crianças em um bairro da Zona Leste, na periferia da cidade de São Paulo, buscando observar as interações verbais das crianças com idade entre zero e nove anos e suas famílias e entrevistar crianças a partir dos três anos de idade. As perguntas orientadoras do meu estudo eram: o que será que essas crianças diriam, pensariam? Como perceberiam o cotidiano, a escola, a casa, o bairro, a família? O que teriam para me contar e mostrar? Sobre o que conversam em seu universo cultural? Que usos fazem da linguagem verbal?

Um dos vários aspectos que esse estudo veio revelar é o lugar particular que as crianças ocupam nesse bairro e que será objeto de reflexão neste trabalho: o grupo de crianças como memória viva e coletiva da vida do bairro, representantes vivazes dos velhos contadores de história.

Logo ao chegar ao bairro, um aspecto chamou a atenção: as crianças costumam se relacionar em grupos de idades variadas, o que me fez optar por acompanhar o grupo composto por catorze crianças de zero a nove anos que já existia no bairro. O limite de nove anos foi imposto pelas próprias crianças, cujos interesses, brincadeiras diferentes e brigas constantes com outras crianças mais velhas foram alguns dos fatores que delimitaram esse grupo, composto por: três crianças entre zero e três anos, cinco crianças entre cinco e seis anos, três crianças entre sete e oito anos e três crianças de nove anos, sendo que todas as seis crianças com idade entre sete e nove anos frequentavam a escola, mas apenas uma dentre elas não era repetente.

Frequentaram inicialmente escolas próximas ao bairro, mas as várias reprovações levaram-nas a sucessivas mudanças de escola.

As crianças viviam em grupo, brincavam, conversavam, perguntavam, aprendiam, contavam histórias, "intercambiavam suas experiências". Reunindo bebês de colo, suas irmãs, irmãos, amigos, tias, sobrinhas, vizinhas etc., faziam do grupo um dos marcos de referência de suas vidas e de seu processo de socialização.

Num movimento itinerante, esse grupo de crianças foi se revelando, mais do que simplesmente um grupo que se reúne para brincar. Ele é a iniciação das próprias crianças na vida societária do bairro, ganhando, desde muito cedo, o espaço público. Mas a entrada no universo de relações e acontecimentos do bairro não é uma via de mão única "da casa para a rua". O bairro reconhece nessas crianças um papel social fundamental e bastante complexo; elas são as porta-vozes, as informantes, a memória viva e coletiva de tudo o que ali acontece. É a elas que os adultos recorrem para saber se a polícia passou, se o gás veio, a que horas o barbeiro vai abrir, enfim, sobre a vida e os acontecimentos do bairro.

É a forma narrativa que caracteriza o relato dessas crianças. Mais do que um grupo de brincadeiras, o grupo se caracterizou por ser um "grupo de falantes, um grupo falador". A cartografia do bairro foi um dos primeiros temas dessa "falação": quem mora onde, quem saiu, quem ficou, quem vai mudar, quais são os lugares de circulação de carros, bicicletas, os lugares onde se pode ou não se pode ir, os lugares perigosos, os lugares revestidos de grande mistério e alvo de fantasias (onde desce o "lobisomem"), e os lugares proibidos (onde se deu o assassinato de alguém etc.).

A cartografia do bairro é "costurada" pelas crianças não tanto pela explicação ou definição do lugar mas pelas histórias que cada lugar reúne em suas memórias e experiências cotidianas.

> Sabe, ali tia, a polícia... mataru u home aí onti, sabe, a blusa du home, tava cheia di sangue, ai rapô u home no chão, rapa-rum a blusa du home, aí, aí, aí tava cheia di sangue a blusa du cara, aí pegaru ele e jogaru aí nesse rio. Aí levaru u cara e a blusa dexô aqui. Levaru ele e jogaru tudu a ropa dele aí.
>
> [Flávia, 6 anos]

> Aqui é bom mas tem taradu di noite, tem pulícia, tem bandidu, tem rua, tem casa, e aí as pulícia vêm vê se a casa é du ladlão, tudo do ladlão, que o ladlão vai quebranu as casa du ôto, daí vai cunsertanu as casa, vai pondu assim parede, cimentô u

chão, us bloco. O ladlão roba as ropa quandu fazê sol e daí vem umas pulícia aí, daí já vem.

[Ivan, 5 anos]

As histórias têm sempre algo de trágico e de fantástico, aspectos todos que povoam o imaginário dessas crianças e que lhes permitem construir a sua percepção de mundo, desde muito cedo marcada pelo trágico e pela violência (Sawaya, 1992, p. 196).

Circunscritas no espaço e no tempo, essas visões e percepções nos vieram pela narrativa dessas crianças feita a nós. As suas histórias de vida, longe de serem uma técnica de pesquisa, se impuseram como uma das maneiras privilegiadas de elas interagirem conosco. Contar da vida, dos seus acontecimentos, das suas desgraças, contar da vida dos outros, perguntar e "escarafunchar" a nossa, era a matéria sobre a qual as crianças "falavam".

As suas "maneiras de falar" e o lugar dessas falas no bairro pareciam guardar semelhanças com os "contadores" ou os "faladores" no romance de Vargas Llosa (*O falador*). As crianças, assim como os "faladores", passavam seus dias, quando não estavam na escola (no caso dos que a frequentavam) em andanças pelo bairro. Como andarilhos, circulavam por todas os cantos e recantos, deslocando-se da casa de uns para a de outros. Conhecidos ou desconhecidos, convidados ou não a entrar, iam ganhando intimidade de tal forma que iam reunindo as histórias, os problemas, a vida de cada família e contando a uns o que faziam os outros, informando-lhes reciprocamente os acontecimentos, a vida, a intimidade de cada um, tornando-as públicas e compartilhadas, construindo uma identidade em um espaço fraturado pelas mais diversas circunstâncias.

Era assim que as crianças ocupavam então um lugar especial. Tal como os "faladores" de Vargas Llosa, suas bocas se tornaram vínculos aglutinadores desse bairro na luta pela sobrevivência. Como "pombos-correios", levam recados, buscam pedidos, pedem socorro, informam quem mudou, quem vai sair, qual o endereço de uma pessoa, qual o horário de funcionamento da vendinha. São as crianças as primeiras a conhecer os bebês, a trazê-los na rua para que todos os vejam, assim como a noticiar a morte e os acontecimentos trágicos. Elas são as testemunhas: elas foram lá ver, viram o estado do corpo, a polícia levar no camburão...

O bairro, que reunia muitas das características dos bairros da periferia de São Paulo, era formado pelos fragmentos da sociedade industrial, e "amontoava" casas, barracos, restos de material industrial, restos de objetos reaproveitados e gente. Aos poucos, a visão caótica de um visitante desatento, no seu olhar preconceituoso, foi cedendo lugar, pela fala e pelas histórias das crianças, a um espaço novo, vivo e contraditório. Reunindo as histórias daqui e dali, as crianças foram construindo em nós interlocutores, ouvintes, para que, construído o contexto de suas narrativas, pudessem falar da sua subjetividade.

No entanto, ao contrário dos "faladores" do romance de Vargas Llosa, essas crianças não reuniam a tradição, não rememoravam um passado resgatando-lhes uma identidade perdida. Pareciam antes buscar, dentre as cinzas, uma identidade presente, possível, construída sobre os fragmentos. Marcado pela alta rotatividade de seus moradores, pela ocupação desordenada do solo urbano, pela provisoriedade dos agrupamentos familiares, o bairro tinha, nas crianças, os aglutinadores dessas vidas fragmentadas, as únicas capazes, pelos seus movimentos constantes e pelo seu papel de depositárias das esperanças no imaginário das famílias, de acompanhar a vida pulsante e desordenada e de construir uma história. Por meio das crianças, as famílias se aproximavam e construíam uma solidariedade, compartilhavam as esperanças e as desgraças, como também se separavam e se tornavam incomunicáveis.

O contar história, o narrar das crianças, trazia ainda as marcas provenientes da própria *experiência* da fragmentação que caracteriza esse grupo e que as crianças conheciam, a de um ouvinte "desatento". Uma leitura ideológica das relações entre mãe e filho, adulto e criança, nas classes populares, tem falado em desprezo e na quase inexistência de interação verbal entre mãe e criança, e suas consequências sobre o desenvolvimento de seu pensamento e de seu desempenho linguístico (Hunt, 1964; Hess e Shipman, 1965). Na nossa leitura, trata-se, antes, da expressão de uma época em que não apenas presenciamos a morte do narrador de que fala Benjamin mas também a morte do leitor, do ouvinte, do interlocutor, que marcam não apenas as classes populares mas todos os indivíduos contemporâneos.

Ante esse "problema", o sistema verbal das crianças se sofisticou na luta constante pela atenção do ouvinte, o que fez delas, muitas vezes, falantes perspicazes. Recorrendo às músicas, ao uso de metáforas, aos jogos verbais com rimas e gracejos, com trocadilhos e piadas e todo um jogo de gestualidades e modulações da voz, elas conquistavam o ouvinte.

> tia, tia, olha nois cantá, liga aí prá nóis cantá... fiquei sabenu di um tal de Pepeu qui canta rap bem melho o que eu. Em matéria de compaté, vamu combaté, só espero agora você aparecê, está cheganu, está pintanu agora se esse rap não terminá, juru que não *vô* embora, agora se você desafina, levanu no rap 4 nome de menina — Ruti, Carolina, Bete, Josefina,

> cabei de lhe dá 4 nomi di minina, pé, pé, pé, uau gostosa e dona êta, tam tam, êta qui rap legal!
>
> [Everton, 9 anos]

> A conquista do ouvinte por meio de jogos verbais pode também ser um meio de se safar de uma briga eminente:
> — ...cê robô mia folha, eu vi, mi dá.
> — achado nu é robado, na porta du mercado, u mercado tá fechado, nu deu u indereço...
>
> [Samuel, 6 anos e Drianinha, 8 anos]

> Bélém, Bélém, nunca mais eu tô di bem, eu tenhu muita coleguinha, num pricisu di você, comi sal da panela du mingau, dexa um poco pu natal, pinduradu nu varal, tchau, tchau, vai pará nu hospital, num gostu mais di você, tchau, tchau...
>
> [Ariana, 4 anos]

Buscam nesse ouvinte um interlocutor e depositário da sua vida, suas histórias, suas experiências. Diante da pergunta por mim formulada a respeito de como são seus pais, Ivan, de cinco anos, responde:

> ...gostu da mãi, é bunita, namorada tamém bunita, Drianinha tamém bunita...
> [e o pai, como é o pai?]
> — o pai é pai, o pai tabáia, é pá ganhá dinheru, é pá dá pá mãi, pá mãi compá uma biciqueta pus filhu... meu pai vai ganhá dinheru pá compá um carru pá mãi, pá tia, pas vó, compassi bloco pá fazê a garage... daí, daí, daí meu pai tabaiassi e desse um monti di dinheru pa mia mãi e mia mai vai ponu us dinheru ali nu galão, ela tá ficanu rica... meu pai vai tabaianu, vai danu u dinheru pá ela e ela vai ponu lá.
>
> [Ivan, 5 anos]

As crianças fazem do interlocutor depositário das suas angústias, temores, enfim, de suas experiências. Sua luta não é apenas pela sobrevivência mas também por interlocutores, em um mundo difícil, contraditório, em que, a duras penas, vivem e querem compreendê-lo. Assim é que buscaram em nós, pesquisadores, esse interlocutor, contando-nos as suas histórias, fazendo gracejos, chamando nossa atenção; o nosso trabalho foi o de dizer sim e conceder-lhes a possibilidade de construírem em nós esse interlocutor.

As suas falas, suas músicas, seus gracejos, fazem delas crianças, definem-lhes um lugar: o da memória viva, da esperança e da contradição desses grupos.

Ao contar as histórias da vida e dos acontecimentos do bairro vão construindo um sentido: a *experiência* da precariedade das suas vidas, da provisoriedade dos objetos, da casa, do bairro, da família, a ameaça do estigma, do preconceito, a ideia de fracasso reunindo todos numa "comunidade de destino", mas também o da luz no fim do túnel: trazem o riso, o poético, o lúdico, o lugar da criação do novo, do vir a ser prenhe de possibilidades, uma ruptura da percepção rotineira das experiências cotidianas. É aqui que o passado se presentifica, que os sonhos de infância ganham um lugar ("vai sê dotô", foram as primeiras palavras de um pai por ocasião do nascimento do seu primeiro filho).

Longe de encontrarmos um quadro tal como descrito pelos partidários da Teoria de Deficiência Linguística, os resultados apontaram uma verbalização das crianças que trouxe, como uma de suas características básicas, ser a própria expressão simbólica da vida da comunidade. Seus relatos, suas falas reúnem as várias histórias da vida do bairro, da família, das suas condições objetivas e subjetivas de vida, enfim, suas *experiências*.

Distante da problemática sobre as características linguísticas desses relatos orais das crianças, destaco o que neles era revelador da subjetividade, do modo particular com que a vida cotidiana dessas crianças era tecida na trama de suas experiências vividas (a escola, a família, o bairro, a casa, o grupo de brincadeiras etc.), organizadas mediante um discurso narrativo, de "um contar histórias".

Os dados foram revelando estarmos diante não de uma precariedade comunicativa, caraterizada por reduzida capacidade simbólica, pela simplicidade nos procedimentos verbais e ausência de uma capacidade reflexiva de suas experiências; antes, porém, pareceu-nos estar diante de uma tentativa exasperada de reconstrução de um diálogo entre os vários mundos — o mundo rural dos antepassados, o mundo da pobreza urbana e o mundo da modernidade.

Mas se narram os temas da vida desse grupo, fazendo desse bairro uma "comunidade", atribuindo-lhes uma identidade, é aos interlocutores que pedem que sejam testemunhas, que assegurem para elas o valor da *experiência* vivida, que restituam, nos fatos narrados, a sua veracidade, o seu sentido, um ensinamento moral, uma norma de vida, um conselho, um juízo de valor, a sensação de não estarem sós no mundo.

A matéria sobre a qual as crianças falam são suas próprias *experiências*, mistura do que lhes é consciente e inconsciente, rumando na busca de um sentido para aquilo que experimentam. As suas histórias, às vezes mistura da fantasia e do inverossímel, têm um sentido em aberto, à espera de um interlocutor que o preencha e estruture e os devolva como conhecimento, como sentido. Aqui, porém, estamos diante da nova ameaça, a morte desse interlocutor, que, por não compartilhar desse universo de sentido e por encarar esse desconhecimento com preconceito, inviabiliza o diálogo, a comunicação e, desse modo, a possibilidade da produção de conhecimento, a aprendizagem da leitura, da escrita, enfim, a transmissão dos conhecimentos que são legados da humanidade.

Se os índices de reprovação e evasão são a prova do fracasso escolar, as suas causas estão sendo buscadas no lugar errado. Olhando as crianças, conforme a sua imagem e semelhança, o professor não tem ouvidos, e o seu olhar, turvo pelo preconceito, tem virado as costas à fala, à narrativa dessas crianças. Diante da impossibilidade de comunicação, as crianças "têm deposto suas armas" ou buscado em vão se utilizar da gestualidade, dos gracejos, das piadas, dos jogos verbais, recursos que em seu lugar de origem procuram conquistar o interlocutor. Todavia, o professor, desacostumado à "arte de intercambiar experiências", de ouvir histórias, recusa a possibilidade da comunicação, e as crianças voltam para o bairro, para a rua, onde sua existência e suas experiências podem fazer sentido.

É preciso, porém, estarmos atentos ao sentimento fácil e piegas da condescendência ao discurso do outro tomado como diferente, carente ou até mesmo exótico, ou da simpatia pelas causas populares, que leva às simplificações como aquelas que atribuem apenas a uma mudança de postura do professor diante dessas crianças o sucesso dessa empreitada. Este pode ser o primeiro passo mas não basta; é preciso uma aproximação entre vida e palavra, em que o sentido da palavra escrita possa revelar o sentido da palavra falada, vivida.

O distanciamento e alienação das *experiências* entre os vários grupos humanos, transformadas em abismo nos tempos modernos, como aponta Benjamin, têm colocado em risco a possibilidade de comunicação, substituída pela imposição de um discurso único, tomado como legítimo — o do professor, o da escola, que inviabiliza o trabalho da leitura e da escrita em seu sentido pleno — como trabalho de construção de sentido, de interpretação, enfim, de comunicação entre os vários universos de significação: o do autor, o do leitor e o do professor que intermedeia essa relação.

Referências bibliográficas

ADORNO, T. A indústria cultural. In: COHN, Gabriel. *Comunicação e indústria cultural.* São Paulo: Nacional, 1978.

ARENDT, Hannah. A crise na cultura: sua importância social e política — Parte I. In: *Entre o passado e o futuro.* São Paulo: Perspectiva, 1972.

ARRIGUCCI JR., Davi. *Enigma e comentário*: escritos sobre literatura e experiência. São Paulo: Companhia das Letras, 1987.

BENJAMIN, W. Sobre alguns temas em Baudelaire. *Obras escolhidas.* São Paulo: Brasiliense, 1989. v. 3.

______. O narrador: considerações sobre a obra de Nikolai Leskor. *Obras Escolhidas.* São Paulo: Brasiliense, 1985 [1936]. v. 1.

BOSI, E. *Cultura de massa e cultura popular.* Leituras de operárias. Petrópolis: Vozes, 1986.

CANDIDO, A. *Literatura e sociedade.* São Paulo: Nacional, 1965.

FERNANDES, F. *Folclore e mudança social na cidade de São Paulo.* São Paulo: Anhembi, 1961.

GAGNEBIN, J. M. Prefácio de BENJAMIN, W. *Obras escolhidas.* São Paulo: Brasiliense, 1989. v. 1.

GRAMSCI, A. *Literatura e vida nacional.* Rio de Janeiro: Civilização Brasileira, 1968.

HESS, R. D.; CHIPMANN, V. Experiências iniciais de vida e a socialização de estilos cognitivos em crianças. In: PATTO, M. H. (Org.). *Introdução à psicologia escolar*. São Paulo: T. Queirós, 1981.

HUNT, M. O uso de programas pré-escolares de enriquecimento como um antídoto para a privação cultural. In: PATTO, M. H. (Org.). *Introdução à psicologia escolar.* São Paulo: T. A. Queirós, 1981.

LLOSA, V. *O falador.* Rio de Janeiro: Francisco Alves, 1988.

QUEIROZ, M. I. Relatos orais: do "indizível" ao "dizível". In: VON SIMPSON, Olga M. (Org.). *Experimentos com história de vida.* São Paulo: Vértice/Revista dos Tribunais, 1988.

SAWAYA, S. M. *Linguagem oral e pobreza urbana*: as crianças do Jardim Piratininga. Dissertação (Mestrado) — IPUSP, 1992.

FAZ DE CONTA: construção e compartilhamento de significados

*Maria Teresa Falcão Coelho**

*Maria Isabel Pedrosa***

Até algum tempo atrás, uma criança brincando era vista como se estivesse em um mundo só seu, um mundo de fantasia, à parte do nosso mundo da realidade... Como nos ditos populares, "quem brinca não está fazendo nada de sério", e o mundo da realidade é muito sério: "a realidade é bem mais dura do que aquilo que você pensa!"

Hoje, essa visão de que uma criança que brinca está "suspensa" da realidade, num mundo à parte, tem mudado. Muitos estudos sobre os vários tipos de brincadeira que as crianças desenvolvem têm mostrado como, por meio das brincadeiras, as crianças se constituem como indivíduos, com

* Psicóloga pela Universidade Federal de Pernambuco.

** Professora do Departamento de Psicologia da Universidade Federal de Pernambuco. Doutora em Psicologia pela Universidade de São Paulo.

um tipo de organização e funcionamento psicológico próprios, utilizando certos meios comportamentais extraídos de seu registro de competências, em cada período de vida, e das aquisições e modificações que sua microcultura impõe.

A criança, no início de sua vida, não tem habilidade para agir sobre as coisas que a cercam, e esse período é relativamente prolongado. Essa particularidade biológica da espécie humana a conduz a se voltar, primordialmente, para as relações interindividuais, pois é por meio do outro que ela garante sua adaptação vital. A relação indivíduo/meio é, portanto, mediada pelo grupo. Wallon (apud Werebe e Nadel-Brulfert, 1986) afirma que o meio social tem duplo valor para a criança: é seu "meio ambiente" e é, ao mesmo tempo, "o meio de ação sobre os outros meios ambientes".

Continuando na perspectiva walloniana (Idem), tem-se que, diferentemente de muitas outras espécies animais, o tipo de intercâmbio que a criança estabelece com o meio social implica a consideração dos processos históricos da humanidade e é constituído num espaço psíquico que inclui necessidades e desejos e, desde cedo, direciona a construção de uma vida de representação. É um meio tão real e eficaz para a espécie humana quanto o são os meios físico-químico ou biológico. Ele implica o manejo de situações simbólicas e conceituais.

A brincadeira de faz de conta se constitui num exemplo de uma atividade na qual a criança poderia ser vista como se estivesse num mundo só seu, num mundo de fantasia. Mas, estudada em detalhes, ela tem revelado como as crianças estão engajadas umas com as outras, construindo e compartilhando significados. Neste capítulo apresentaremos um estudo sobre brincadeiras de faz de conta de crianças com dois a três anos de idade, com o objetivo de realçar a importância dessa brincadeira para o desenvolvimento psicológico infantil.

Caracterizando a brincadeira de faz de conta

Ao brincar de faz de conta, uma criança:

- Transforma os objetos presentes na sala em alguma outra coisa que não corresponde ao que aquilo é na realidade. Por exemplo, uma criança coloca "perfume" em outras crianças usando uma peça de encaixe de plástico.
- Transforma recantos do ambiente físico de acordo com a atividade que está desenvolvendo. "Sai da minha casa!" uma criança diz para outra, que mexia nos objetos dispostos na prateleira da sala. "Não sai de casa, ô filhinha!, não vai pra rua!" uma criança diz para a outra quando esta sai de perto do colchonete onde elas brincavam. Nesses exemplos, as crianças consideraram uma casa o espaço delimitado por prateleiras, colchonetes etc.
- Representa personagens (mãe, filha, neném etc.), desenvolvendo um *script* com regras para serem seguidas pelos participantes da brincadeira.
- Representa animais, assumindo com o uso do corpo as características do animal representado.
- Trata objetos inanimados como animados. Por exemplo, nina ou repreende suas bonecas pelo "comportamento" delas. Para realizar essas transformações, as crianças usam dos meios de que dispõem. Estes meios são:

  — Gestos — manuseio de brinquedos e objetos. Ex.: *Uma peça de madeira é repetidamente passada nos lábios e depois nas bochechas em movimentos circula-*

res, o que dá a impressão de que a criança está se maquiando.

— Posturas — uso do próprio corpo para evocar personagens não presentes. Ex.: *Pôr-se de quatro pés, movimentar a cabeça lateralmente e ranger os dentes como um cachorro faz.*

— Som — vocalizações que remetem a animais e/ou coisas. Ex.: *Latir imitando um cachorro, ou fazer "Ahram, ram" imitando um barulho de carro.*

— Palavras — algumas vezes apenas uma palavra é capaz de evocar situações e/ou coisas. Ex.: *Dizer: "alô" ao pôr uma peça de encaixe no ouvido explicita uma transformação do objeto, assim como uma proposta de conversar ao telefone com a outra criança.*

— Frases — que explicitam papéis, significados atribuídos a objetos e a recantos do ambiente físico. *Ex.: "Não sai de casa, ô filhinha!"*

Por meio desses recursos, as crianças tanto retomam, no espaço da brincadeira, significados já experienciados no seu dia a dia, quanto constroem significados que fazem sentido naquele momento de seu processo interacional.

Ao brincar num contexto de faz de conta, a criança subordina os objetos e sua própria ação ao campo do significado. Segundo Vygotsky (1991), essa possibilidade caracteriza um avanço no desenvolvimento infantil. Para uma criança pequena, essa maneira de se comportar exige uma transformação radical de sua organização psicológica. Vygotsky observa que uma criança pequena age de acordo, apenas, com seu campo perceptivo imediato, e, por conta disso, seu comportamento é restringido pelas situações ambientais (a situação na qual ocorre a brincadeira, os objetos presentes etc.). No faz de conta, a criança substitui um objeto real por outro objeto, uma ação real por outra ação. Os objetos e ações reais são subordinados ao campo do significado. Mas essas ações ainda ocorrem no faz de conta como ocorrem na realidade. E os objetos que substituem outros objetos ou coisas são similares aos objetos ou coisas reais. A criança em idade pré-escolar ainda necessita de um pivô, de um suporte para lidar com o campo do significado. Daí porque os temas mais comuns das brincadeiras de faz de conta de crianças nessa faixa etária são temas vinculados a seu cotidiano: a criança brinca assumindo os papéis de personagens que lhe são familiares (mãe, pai, filho, motorista etc.); os animais e os objetos representados fazem parte da realidade que a criança conhece.

Compartilhando significados experienciados e construindo novos significados

As crianças usam os recursos do próprio corpo (gestos, posturas, vocalizações) associados aos recursos do ambiente (sucatas, brinquedos, recantos) e trazem para o contexto da brincadeira: personagens e animais não presentes no ambiente; situações/atividades já experienciadas por elas ou por outras pessoas do seu meio. Elas criam elos entre objetos e situações, entre expressões do próprio corpo (mímicas, vocalizações) e personagens e/ou situações já vividas ou apenas observadas por elas.

Esses elos que são tecidos pelas crianças se apoiam, muitas vezes, em objetos similares àquilo que elas pretendem representar: por exemplo, uma boneca representa um neném, um fogão de plástico delimita a cozinha. Mas outras situações demonstram como esses elos podem ser subjetivos e muitas vezes arbitrários: uma caixa de papelão, quando a criança emite um determinado som, passa a ser um carro; uma pecinha de encaixe, ao ser colocada no ouvido, passa a ser um telefone; uma prateleira na parede passa a delimitar uma casa etc. Daí porque as crianças necessitam compartilhar entre si os significados que são tecidos por elas, para que possam brincar juntas.

Compartilhar algo é tê-lo em comum com outro. Esse algo pode ser: "um momento de proximidade, o interesse ou competência em uma atividade, [...] um objeto, um conhecimento, um código (como a linguagem ou como um ritual)". O compartilhamento é criado, construído na interação social, portanto não se refere ao comportamento de um indivíduo, mas se refere a uma relação entre indivíduos, a qual, por sua vez, possibilita que eles possuam em comum algo que foi construído socialmente (Carvalho, 1992).

Mas como acontece o compartilhamento entre as crianças?

O compartilhamento se evidencia no comportamento das crianças, por exemplo, na construção conjunta de uma brincadeira:

> [...] as crianças constroem suas brincadeiras recortando pequenas ações das outras, ajustando-se a elas, quer seja repetindo-as integralmente ou parcialmente, quer seja acrescentando-lhes algo e, até, substituindo partes delas. [...] Cada uma das crianças parece fazer uma "previsão" do que é a brincadeira e age nessa direção, mas a cada instante é confrontada com as ações das outras crianças e o efeito de suas próprias ações (Pedrosa, 1989).

Brincar junto com outras requer da criança ajustes de comportamento, de "ideias" do que pode ser a brincadeira. Algumas brincadeiras evidenciam uma compreensão mútua das crianças a respeito de alguns comportamentos que se destacam da interação entre elas e passam a sinalizar "algo". Esse "algo" pode ser uma mensagem, como, por exemplo, um riso alto para que o outro impulsione o balanço com mais força (Carvalho e Pedrosa, 1992), pode explicitar o enredo de uma brincadeira etc.

Ao brincarem, as crianças criam regras que permeiam o desenvolvimento do enredo do faz de conta, como, por exemplo: a mãe sai para trabalhar e o neném fica chorando toda vez que ela sai. As regras se constituem num tipo de evidência do compartilhamento que ocorre entre as crianças. Esse decorre "da presença de conhecimentos e valores previamente compartilhados pelas crianças", conhecimentos esses que derivam, por exemplo, da observação da natureza, de usos e costumes sociais, e de histórias que são apresentadas às crianças (Moraes e Carvalho, 1995). Nesse nível, o compartilhamento das crianças revela o ambiente sociocultural do qual participam.

A posse de um conhecimento compartilhado pelas crianças propicia a manutenção por um tempo mais longo da sequência interacional que elas desenvolvem, assim como uma maior complexificação da mesma.

Um outro tipo de possibilidade que o compartilhamento apresenta é a transformação da sequência, mediante a qual as crianças alteram os papéis desempenhados na brincadeira, assim como transformam os turnos da sequência. Por exemplo, uma criança se faz de neném e chora quando a mãe sai para trabalhar no primeiro turno da sequência; no outro turno essa mesma criança é a mãe que sai para trabalhar deixando seu neném chorando e voltando depois para consolá-lo. Nesse exemplo, as crianças puderam trocar os papéis que estavam sendo desempenhados e transformar os turnos da sequência que desenvolviam.

Como se pode observar, para brincar com outras, as crianças necessitam compartilhar conjuntamente os significados que são construídos, os elos que são tecidos na interação. E esse compartilhamento se dá a partir de uma compreensão mútua de papéis, de ações e de turnos da sequência interacional, dentro de um contexto — no caso, de cenas de faz de conta. Os parceiros de uma brincadeira de faz de conta têm que construir um esquema comum de referência (o que implica referir-se a um *script* com enredo, papéis, regras), sem o qual brincar juntos não seria possível (Verba, 1993).

Mas qual a importância desse compartilhamento de significados que ocorre na brincadeira de faz de conta para o desenvolvimento infantil? Ou, em outras palavras: o que deste desenvolvimento é posto em destaque, em perspectiva, a partir da observação da brincadeira de faz de conta? Essa questão orientou o estudo que segue.

O faz de conta numa perspectiva do desenvolvimento infantil

Wallon (1986a), a partir de sua concepção sobre a ausência de planos distintos no pensamento da criança (numa idade em que ela não consegue diferenciar as origens de seus conhecimentos nem articular e subordinar os diversos planos de seu pensamento), possibilita uma compreensão do funcionamento psicológico da criança (de dois a três anos) como propício para o desabrochar e desenrolar do faz de conta.

Segundo essa concepção, a criança nessa faixa etária passa por uma etapa em que ainda não consegue "dissociar-se suficientemente" das situações das quais participa, subordinando também a "identidade" das pessoas às circunstâncias e à sua própria identidade.

> As personalidades, em lugar de se substituírem mutuamente, podem resultar, assim, em uma atitude composta, que traduz a participação simultânea da criança em vários papéis componentes da situação. [...] mais uma vez, a situação se sobrepõe à individualidade dos personagens. Estes só existem em relação a ela e não se distinguem uns dos outros (Wallon, 1971).

Partindo dessa concepção walloniana, temos a suposição de que o faz de conta serve como um meio pelo qual a criança experimenta as diferentes representações que tem das "coisas" e dos outros que a cercam, o que, em última instância, contribui para discriminar essas representações entre si.

O estudo desenvolvido por nós no Laboratório de Interação Social Humana da Universidade Federal de Pernambuco tem focalizado a brincadeira de faz de conta que ocorre entre crianças de dois a três anos de idade.

O grupo observado era composto por quinze crianças de ambos os sexos, todas provenientes de camada de baixa renda.

Algumas pistas sobre como o estudo foi realizado

Os registros foram feitos em vídeo, semanalmente, durante três meses. Ao todo, foram doze sessões de registro na sala da creche onde normalmente as crianças realizavam suas atividades diárias, mas, no momento da filmagem, elas recreavam livremente. Esse ambiente não foi especialmente preparado para o trabalho. A pajem estava presente e permitia que as crianças manipulassem os objetos que estavam a sua disposição, normalmente brinquedos e sucatas.

Cada sessão foi assistida repetidas vezes, até que se pudesse delimitar sequências interacionais onde ocorria faz de conta tal como definido anteriormente. A essas sequências foi dado o nome de "episódios de faz de conta".

Foram transcritos detalhadamente todos os episódios nos quais mais de uma criança estava envolvida na atividade de faz de conta. Em muitos trabalhos, a esse tipo de sequência interacional é dado o nome de faz de conta social ou coletivo (cf., por exemplo, Doyle et al., 1991; Werebe e Baudonnière, 1991). O estudo aqui apresentado foi realizado a partir de 32 episódios de faz de conta social.

A participação das crianças nesses episódios ocorreram de várias maneiras, a saber: a) a criança iniciou o faz de conta com outra criança; b) a criança participou efetivamente do faz de conta como um personagem; c) a criança se aproximou de outras que desenvolviam uma atividade de faz de conta e as observou atentamente, sendo por elas percebida (neste caso, a criança foi considerada um espectador participante por causa da configuração do arranjo, que se alterou com sua presença/aproximação); d) a criança foi alvo de uma proposta de faz de conta e assim envolvida no roteiro da criança que propôs. Se a criança "aceitou" a proposta, persistindo com o roteiro ou mesmo propondo outros elementos para compor o roteiro, é clara a sua participação. Mas se a criança não participou do roteiro proposto e nem fez outro, sua participação é considerada, apenas, no momento em que ela se orientou para a criança que propôs algo. Poder-se-ia dizer que a criança, nesse momento, seria um personagem passivo daquele faz de conta.

Explorando a construção de significados

A partir da transcrição dos episódios e sua análise, foi possível explorar a construção conjunta de significados. Seguem alguns exemplos:

> "Bom bom"
>
> Paola, Vânia e Alexandre estão sentados no chão da sala mexendo em peças de encaixe. Paola empilha as peças e depois ela e Vânia derrubam a pilha, espalhando as peças. Alexandre está ao lado e ri. Eles começam a imitar o que o outro fala e prosseguem juntos. Escuta-se Paola dizer: "Vamo passar bom bom?" Paola balança um objeto nas mãos. Alexandre fala algo com Vânia (não se escuta bem). Paola continua a balançar o objeto passando as mãos nas pernas, braços e cabeça de Vânia e fazendo o mesmo com Alexandre. Enquanto passava as mãos pelo corpo de Alexandre, Paola falava: "Tá bom, bom?... Bom bom!" Alexandre repete: "Bom bom!", ao que ela diz: "É!", balançando a cabeça afirmativamente e rindo. Ele também ri. Logo em seguida, Vânia levanta-se, apanha uma peça no chão, balança-a mostrando-a a Paola e dizendo: "*Bom, bom, ó aqui, ó... bom bom!*". Vânia se aproxima, balança a peça e passa as mãos em Dilvan e depois em Alexandre. Paola passa as mãos em Dilvan. Vânia passa as mãos em Alexandre. A brincadeira é interrompida pela pajem, ao pedir às crianças que a ajudassem a guardar os brinquedos na caixa.

Neste episódio, uma palavra usada repetidamente pelas crianças — *"bom bom"* — passa a condensar o significado atribuído ao objeto (frasco de perfume), remetendo por sua vez à uma ação específica (passar perfume pelo corpo). Quando Vânia apanha um objeto semelhante ao que Paola usava como frasco de perfume, e chama a atenção das crianças — *"Bom bom, ó aqui, ó... bom bom!"* — e, em seguida, faz o que Paola fazia (passando perfume pelo corpo das crianças), ela expressa verbalmente que compartilha o significado atribuído ao objeto. Nesse exemplo, o significado (bom bom) não mantém nenhum vínculo real com o objeto, trata-se de uma atribuição arbitrária de significado.

> "Falar ao telefone"
> João e Viviane estão sentados no chão, um ao lado do outro, mexendo em peças de encaixe. João coloca uma pecinha no ouvido e segura com a mão, olhando para Viviane que está sentada ao lado dele. Ela faz o mesmo e coloca a mão no ouvido dizendo: "Alô...". João olha rapidamente para ela, que está mexendo nas pecinhas. Ela diz: "Ah, tá quebado". Ele a olha, fala algo e ela o olha e pega peças junto dele. Ele pega rapidamente a que restou, coloca no ouvido e sai.

Nesse episódio Viviane, ao falar "alô...", acrescenta "algo" à ação de João, explicitando um significado subjacente à ação dele ou dando um significado que talvez não estivesse presente para ele próprio. E, a partir disso, o compartilhamento desse significado passa a ser possível entre eles.

Explorando a construção de um espaço mental de representações

Esses exemplos deixam claro a construção e o compartilhamento de significados pelas crianças. Esses significados expressos por elas são, muitas vezes, de difícil apreensão pelo adulto e parecem compor redes, apontando as representações que as crianças têm do mundo (objetos, pessoas) que as cerca.

A brincadeira de faz de conta, tal como descrita no presente estudo, revela, de início, como a representação está implicada nela intrinsecamente. Transformar uma "coisa" em outra, apresentar uma "coisa" por meio de outra, tratar uma "coisa" como se fosse outra são expressões de um mesmo fenômeno psicológico: o de representar.

Segundo Wallon (1986b), a representação seria o resultado da duplicação do real, ou seja, o desdobramento do plano do sensível e do concreto em um equivalente, formado de imagens, de símbolos e de ideias.

Focalizar como esse fenômeno, ainda incipiente, se realiza em crianças pequenas implicou, para o presente estudo, revelar os modos pelos quais elas constroem suas "realidades" de faz de conta.

Para Wallon (1986a), o pensamento da criança pequena permanece dominado por impressões sucessivas sem analisar e diferenciar as relações entre as coisas ou as situações. É um pensamento concreto e sincrético, impotente para se decompor em partes que possam ser articuladas e reorganizadas de outra forma e assim possam corresponder a outras experiências. Falta ao pensamento um campo de representações onde ele possa evoluir.

Nas brincadeiras de faz de conta esse estado do pensamento encontra um meio adequado para desenvolver-se, desdobrar-se. Viviane, brincando com Vanessa, pega a boneca nos braços e fala em tom de consolação: "*Num chora neném... chora não...*", dando palmadinhas de consolo. Viviane começa a ensaboá-la com uma peça de plástico que Vanessa havia lhe dado. Em seguida, bate com a mesma peça dizendo: *"Vai apanhar!"*. Vanessa, que estava sentada no chão, levanta-se e bate na boneca também. A passagem de um comportamento para outro se dá de uma maneira muito rápida.

Esse episódio mostra como a representação que Viviane tem de ser mãe é experimentada em bloco, com uma passagem muito rápida de uma atividade para outra, sem que se perceba alguma continuidade entre essas atividades desenvolvidas pela "mãe" em situações diferenciadas. Ora ela consola seu neném, ora lhe dá banho e, "sem mais", dá-lhe palmadas. Ela experiencia uma continuidade na expressão de atividades opostas (cuidar/bater) a um mesmo tempo. Como se as facetas da sua representação de ser mãe deslizassem de uma para outra.

Dessa forma, essas facetas se diferenciam entre si, compondo a representação de ser mãe, dentre tantas outras, para as quais esse processo pode ser idêntico.

Pode-se salientar que as crianças, ao brincarem de faz de conta, estão exercitando vários papéis (a mãe, o pai, o motorista etc.) com os quais interagem no cotidiano; papéis estes que trazem para as crianças as regras de condutas neles embutidas. Ao brincar de mãe, por exemplo, a criança pode "examinar" as regras que orientam o papel de mãe no seu grupo social e descobrir novas formas de desempenhar esse papel (Oliveira, 1988). A construção da brincadeira de faz de conta reflete, portanto, a microcultura das crianças envolvidas.

Por não conseguir diferenciar-se suficientemente das situações de que participa, a criança experimenta em si a atitude dos personagens componentes da situação (Wallon, 1971). Personagens estes que podem ser representados no faz de conta pelos parceiros de interação ou mesmo serem atribuídos a objetos inanimados (bonecas, por exemplo). Essa atitude composta possibilita à criança experimentar os diferentes papéis articulados na construção da brincadeira.

> Paola, com uma boneca nos braços, se aproxima da "casinha" de Daniela (delimitada por uma prateleira na parede da sala). Daniela, que brincava de ser a mãe de algumas crianças (dando "banho", fazendo "comidinha" etc.), se aproxima, fala com Paola e dá "comidinha" à boneca dela. Paola se afasta e com uma peça de madeira dá "comidinha" à sua boneca, depois para por alguns segundos e com um olhar distante fala: "*Mama...*". Começa a chupar (como se fosse uma mamadeira), lamber e depois morder a peça de madeira com a qual dava "comidinha" à sua boneca.

Este é um exemplo de como a criança parece não conseguir dissociar-se dos personagens que compõem a situação. Paola, de "mãe", passa a "neném", expressando uma espécie de necessidade latente de experimentar o que seu "neném" havia "experimentado".

Um outro episódio demonstra como a criança, ao participar dos vários papéis que compõem a situação, "define" o seu próprio papel na "cena".

> João assiste a uma disputa de objeto entre Daniela e Viviane. Depois de perder na disputa, Viviane fala com Daniela, que fazia comida num fogãozinho de plástico: "*Quer papar, Dani!*". João repete: "*Quer papar, Dani!*". Daniela não se orienta para os dois, e fala algo. João senta a boneca que tinha nas mãos no fogão e diz: "*Quer sentar!*". Daniela diz: "*Sentar não, aqui é a cozinha!*". João, batendo no rosto da boneca, diz: "*Dá papa a ela, Dani!*". Daniela, sem se orientar para ele, põe uma boneca no próprio colo e faz comida. Depois diz: *Eta menina, viu, estragou*", reclamando com a boneca que caiu sobre o fogão. João a olha e insiste: "*Quer papar, Dani!*". Daniela responde: "*Peraí filho!*".

Nessa sequência interativa, João inicialmente assume a proposta de Viviane como sua, depois a atribui à sua própria boneca e, por fim, é reconhecido como sendo "filho". Papel construído na díade João-Daniela a partir da experimentação por parte de João de uma mesma proposta — a de papar — "como se" estivesse no "lugar" de cada um dos personagens que compunham a situação. Esse "jogo de papéis" é amplamente favorecido na brincadeira de faz de conta.

Nessa brincadeira as crianças de dois a três anos de idade dão mostra de que estão construindo a função psicológica de representar. Isso porque essa brincadeira favorece a constituição de um espaço mental ao possibilitar o desdobramento do pensamento sincrético característico dessa idade. Na brincadeira de faz de conta as crianças expressam, umas para as outras, os diversos significados que têm das coisas e do outro, o que proporciona uma diferenciação entre esses significados, constituindo assim delimitações entre as representações mentais para as quais esses significados apontam.

Referências bibliográficas

CARVALHO, A. M. A. *Seletividade e vínculo na interação entre crianças.* 1992. Tese (Livre-Docência) — Instituto de Psicologia, USP, São Paulo, 1992.

______; PEDROSA, M. I. P. C. *The communication functions of laughter in young children's interactions.* Comunicação ao X^th^ International Humour Congress (ISHS), Paris, 1992.

DOYLE, A. B.; CESCHIN, F.; TESSIER, O.; DOEHRING, P. The relation of age and social class factors in children's social pretend play to cognitive and symbolic ability. In: *International Journal of Behavioral Development*, v. 14, n. 4, p. 395-410, 1991.

MORAES, M. L. S.; CARVALHO, A. M. A. Faz de conta: temas, papéis e regras na brincadeira de crianças de quatro anos. *Boletim de Psicologia*, v. XLIV, n. 100-101, p. 25-37, 1995.

OLIVEIRA, Z. M. R. *Jogo de papéis*: uma perspectiva para análise do desenvolvimento humano. Tese (Doutoramento) — Instituto de Psicologia, USP, São Paulo, 1988.

PEDROSA, M. I. P. C. *Interação criança-criança*: um lugar de construção do sujeito. Tese (Doutoramento) — Instituto de Psicologia, USP, São Paulo, 1989.

VERBA, M. Construction and sharing of meanings in; pretend play among young children. In: STAMBAK, M.; SINCLAIR, H. (Ed.). *Pretend play among 3 years old*. Hillsdale, Nova Jersey: Lawrence Erlbaum Associates, Publishers, 1993.

VYGOTSKY, L. S. O papel do brinquedo no desenvolvimento. In: COLE, M.; STEINER, V. J.; SCRIBNER, S.; SOUBERMAN, E. (Orgs.). *A formação social da mente*. 4. ed. São Paulo: Martins Fontes, 1991. [Capítulo 7].

WALLON, H. Sincretismo diferenciado: II. A simpatia. In: *As origens do caráter na criança*: os prelúdios do sentimento de personalidade. São Paulo: Difusão Europeia do Livro, 1971.

______. Ausência de planos distintos no pensamento da criança. In: WEREBE, M. J. G.; NADEL-BRULFERT, J. (Orgs.). *Henri Wallon*. São Paulo: Ática, 1986a. (Col. Grandes Cientistas Sociais, v. 52.)

______. Imitação e representação. In: WEREBE, M. J. G.; NADEL-BRULFERT, J. (Orgs.). *Henri Wallon*. São Paulo: Ática, 1986b. [Capítulo 8]. (Col. Grandes Cientistas Sociais, v. 52.)

WEREBE, M. J. G.; NADEL-BRULFERT, J. Introdução. In: *Henri Wallon*. São Paulo: Ática, 1986. (Col. Grandes Cientistas Sociais, v. 52.)

WEREBE, M. J. G.; BAUDONNIÈRE, P. M. Social pretend play among friends and familiar preschoolers. *International Journal of Behavioral Development*, v. 14, n. 4, p. 441-428, 1991.

GESTOS, PALAVRAS, OBJETOS: uma análise de possíveis configurações na dinâmica interativa

*Maria Nazaré da Cruz**
*Ana Luiza B. Smolka***

Introdução

No âmbito dos estudos sobre o desenvolvimento da criança pequena, uma das questões mais intrigantes diz respeito ao funcionamento da linguagem e à configuração das primeiras palavras.

O momento em que a criança começa a falar é tomado como um marco fundamental tanto por pais, familiares e educadores, no cotidiano de suas relações com a criança, como pelas teorias psicológicas sobre o desenvolvimento.

No contexto destas últimas, dependendo do quadro teórico assumido, a emergência das primeiras palavras é interpretada

* Mestre pela Faculdade de Educação da Unicamp.
* Professora-doutora da Faculdade de Educação da Unicamp.

ou explicada de diversas maneiras: como derivada da função simbólica e decorrente da transformação das ações em representações, para Piaget; como suporte necessário das representações, para Wallon; como imprescindível e constitutiva na organização e no funcionamento mental, para Vygotsky.

Pode-se dizer que cada uma delas implica modos distintos de conceber a natureza do desenvolvimento especificamente humano e de considerar as relações pensamento/linguagem.

A indiscutível importância da linguagem, relacionada às diversas tentativas de descrever e explicar a emergência das primeiras palavras na ontogênese, levanta ainda questões concernentes aos processos de significação e ao locus da linguagem na psicologia do desenvolvimento. Tematizadas em uma perspectiva histórico-cultural (Vygotsky, 1984, 1987, 1989; Bakhtin, 1981, 1984), na qual o signo e a atividade simbólica têm um estatuto central, essas questões assumem relevância especial. É nessa perspectiva teórica que se insere o nosso trabalho.

No presente estudo, problematizamos a dinâmica de produção de significações e sentidos no jogo interativo que se estabelece no cotidiano de um berçário de creche. Assumindo que a criança encontra-se imersa em um universo humano, em uma ambiência cultural, em um sistema de relações sociais que sustentam a organização e a significação de suas ações, optamos por enfocar movimentos e processos partilhados entre adultos e crianças, analisando e discutindo como palavras, gestos e objetos no mundo vão se constituindo, vão se configurando.

Tomando como pontos de referência teórico-metodológicos pressupostos e construtor explicitados por Vygotsky e Bakhtin — como mediação semiótica e princípio dialógico —, destacamos dos nossos registros videogravados três situações para análise dos processos de produção de significações. Nas duas primeiras, discutimos a configuração da palavra "ai", enunciada por adultos e crianças no contexto da dinâmica interativa. Essa palavra, em português, é uma interjeição que, embora relacione-se em primeira instância à dor, possui múltiplos sentidos, tais como protesto, repreensão e desconforto, entre outros, além de acompanhar constatações e reflexões.

Por essas características, a palavra "ai" diferencia-se de outras, normalmente analisadas nos estudos psicológicos sobre as primeiras palavras da criança, que possuem habitualmente um objeto como referente. À medida que pode se relacionar a estados, sensações, motivações, a palavra "ai" não tem uma referência objetal explícita.

Na terceira situação, problematizamos justamente a questão da referência objetal, discutindo as relações palavra/objeto no jogo interativo.

Alguns pressupostos teóricos e metodológicos

Ao abordar a emergência das primeiras palavras, Vygotsky, como outros psicólogos, analisa dados sobre crianças de aproximadamente doze meses que designam objetos diferentes pela mesma palavra.

Vygotsky considera que a criança estabelece esse tipo de relação entre objetos de acordo com o princípio de complexos associativos e de imagens sincréticas. Um complexo associativo pode basear-se em qualquer relação percebida pela criança entre os objetos, seja ela uma semelhança, um contraste ou a simples proximidade espacial. Já uma imagem sincrética é a aglutinação de um "conglomerado vago e sincrético de objetos isolados", resultado de uma tendência a compensar a insuficiência de conexões objetivas, por uma abundância de conexões subjetivas (Vygotsky 1989, p. 51).

Se Vygotsky reconhece a diversidade de significações que as primeiras palavras da criança podem assumir em diferentes situações, ele não descreve ou analisa as dinâmicas interativas nas quais ocorre a enunciação das palavras. Embora não analise essas dinâmicas, ele assume a natureza fundamentalmente social das palavras da criança e de suas significações. Para ele, "as crianças não selecionam o significado de uma palavra. Este lhes é dado no processo de interação verbal com o adulto" (Vygotsky, apud Wertsch, 1985, p. 107).

Vygotsky concebe o significado da palavra como uma unidade da generalização e do intercâmbio social. Para ele (Vygotsky, 1987), interação social pressupõe generalização, da mesma forma que a generalização só é possível na interação social. Além disso, o significado da palavra é compreendido como produto da evolução histórica da linguagem, o que não implica, no entanto, que ele seja algo já dado, acabado, imutável. Ao contrário, "o significado da palavra é inconstante. Ele modifica-se durante o desenvolvimento da criança, e com os diferentes modos de funcionamento do pensamento. Ele não é uma formação estática, mas dinâmica" (Idem, p. 249).

Essa compreensão sobre a dinamicidade do significado da palavra relaciona-se à concepção do significado como generalização, já que, em sua perspectiva, não é apenas o conteúdo de uma palavra que se modifica, mas o próprio modo como a realidade é refletida e generalizada na palavra. Essas transformações relacionam-se estreitamente ao contexto das dinâmicas interativas em que uma dada palavra é enunciada. Ou seja, em diferentes contextos, as palavras assumem significações também diferentes.

As formulações de Vygotsky podem ser articuladas às de Bakhtin, para quem "a multiplicidade das significações é o índice que faz de uma palavra uma palavra" (1981, p. 130). No quadro bakhtiniano, a significação é compreendida como pertencendo a uma palavra, não enquanto tal, mas sim enquanto traço de união entre interlocutores. A significação é, portanto, um efeito da interação social e, nessa medida, o núcleo organizador de qualquer enunciação é externo ao indivíduo:

> a enunciação humana mais primitiva, ainda que realizada por um organismo individual, é, do ponto de vista de seu conteúdo, de sua significação, organizada fora do indivíduo, pelas condições extraorgânicas do meio social (Idem, p. 121).

A partir desses princípios teóricos, temos centrado nossa análise da configuração das primeiras palavras no movimento enunciativo emergente nas dinâmicas interativas. É esse enfoque que marca a especificidade de nosso estudo.

Traçando movimentos: a configuração de processos de significação

Episódio 1

Lena[1] coloca uma almofada no chão, encostada na parede, e senta-se sobre, ela. É rodeada por Natália (15m; 6d[2]), Taís (16m; 11d) e Jonathan (16m; 17d). Estica as pernas para

1. Em nossos episódios, os nomes de adultos aparecerão sempre com destaque.
2. m = meses; d = dias.

a frente. (Nesse momento, *Sara* começa a chamar as crianças para sair do salão para a área externa).

Taís se aproxima e *Lena* coloca-a no seu colo. Jonathan está a seu lado e *Lena* o faz sentar sobre seu joelho.

Lena: — AI! (no momento em que Jonathan senta).

Natália: — AI! (olhando para *Lena* e se afastando).

Thamara (13m; 26d), que está um pouco afastada diz:

— AI! AI! (aproximando-se de *Lena).*

Quando Thamara chega ao seu lado, *Lena* diz:

— AI! (olhando para Thamara).

Thamara começa a dar tapinhas em *Lena.* Bia (16m; 3d), que está por perto, olha, aproxima-se e começa também a dar tapinhas em *Lena.*

Lena: — AI! (balançando a cabeça).

— AI, AI, AI, AI!

Bia e Thamara param e olham para *Lena.* Bia se afasta e Thamara tenta dar outro tapa em *Lena.*

Lena: — AI, AI, AI, AI!

Uma criança — AI!

Thamara dá tapinhas em *Lena* mais uma vez.

Lena: — AI, AI, AI, AI!

Outra criança: AI, AI! AI, AI! AI, AI!

(Durante esse episódio as crianças estavam saindo do salão.)

O primeiro "ai" dito pelo adulto, quando Jonathan senta em seu joelho, pode ser tomado como uma expressão de dor ou desconforto. Esse "ai" ecoa de diferentes modos entre as crianças, instaurando uma nova dinâmica interativa entre os participantes da cena. Natália diz "ai" enquanto se afasta; Thamara diz e repete "ai", aproximando-se da cena. Pode-se falar, aqui, no estabelecimento de um jogo mimético, que permanece nos limites entre os gestos de acompanhamento que re-ecoam entre os participantes da cena e os gestos propriamente imitativos.

Lena entra neste jogo, repetindo/respondendo/imitando as crianças. A palavra provoca o gesto de Thamara de dar tapas, que é imitado por Bia. A expressão de dor do adulto e o gesto da criança se articulam e a palavra "ai" torna-se motivo para um jogo, no qual ela é transformada, impregnada por outros sentidos na interação. A palavra ganha novos contornos: a entonação, o ritmo e a frequência do "ai" se modificam e ela adquire diferentes significações. Quando Lena diz "ai, ai, ai, ai!", por exemplo, esse "ai" condensa múltiplos sentidos: dor, desconforto, eco, jogo e uma eventual reprovação na brincadeira.

"Ai" não tem um referente específico ou um objeto explicitamente relacionado, podendo remeter a múltiplas referências. À medida que é enunciada, a palavra "ai" pode tornar-se um foco de atenção em si mesma. Como tal, ela expande-se/difunde-se entre as crianças, num movimento em que suas significações parecem dissolver-se, dispersar-se.

Nossas análises apontam, na dinâmica interativa, uma diversidade de movimentos, que são iniciados tanto pelo adulto quanto pelas crianças. É nesses movimentos interativos que as significações do gesto e da palavra se constituem num processo em que expressão de dor, eco, gesto, jogo, novo eco se articulam/encadeiam e no qual a palavra se configura, assumindo múltiplos sentidos.

Inicialmente, ao ser repetida por Natália e Thamara, a palavra — expressão de dor ou desconforto — transforma-se em seu próprio eco. Depois, o gesto de Thamara — suscitado pela palavra — é interpretado pelo adulto como um convite ao jogo, à brincadeira. Ao enunciar novamente a palavra "ai", agora em resposta ao gesto de Thamara e num novo ritmo e entonação, o adulto atribui um sentido a esse gesto.

É interessante notar que o gesto da criança é também uma resposta à palavra do adulto, que, enquanto tal, parece conferir-lhe significações determinadas. O gesto é, portanto, suscitado e significado pela palavra, ao mesmo tempo em que delineia para esta um possível sentido. Ele pode, assim, ser tomado como indício de um momento de apropriação pela criança de significações socialmente convencionais.

Ao discutir o modo de apreensão das formas linguísticas pelos falantes, Bakhtin afirma que:

> O que importa não é o aspecto da forma linguística que, em qualquer caso em que esta é utilizada, permanece sempre idêntico. Não; para o locutor o que importa é aquilo que permite que a forma linguística figure num dado contexto, aquilo que a torna um signo adequado às condições de uma situação concreta dada (Bakhtin, 1990, p. 92-93).

Também para Vygotsky, a apropriação das significações socialmente convencionais pela criança envolve a apreensão de sua relação com os contextos em que elas aparecem. Para ele, o modo apropriado de utilização da palavra é o início do processo de evolução do significado.

Ao assumirmos essa mesma perspectiva em relação ao gesto, o "dar tapas", na situação analisada, configura-se como um movimento de apropriação de significações convencionais, à medida que se mostra apropriado/adequado ao contexto de sua emergência. Ele indica, ainda, uma compreensão da palavra "ai" que também pode ser considerada adequada, já que a introduz em um contexto socialmente possível de ocorrência.

É importante destacar que a palavra do adulto parece ter um papel fundamental na configuração do gesto da criança, ao sustentar os sentidos que se produzem na articulação da palavra com o gesto.

A criança "dá tapas" e, embora a emergência desse gesto já se relacione com a palavra "ai", é apenas quando o adulto responde ao gesto que o jogo em torno da palavra se estrutura, introduzindo o gesto em um contexto significativo sob o prisma social. Aqui, a fala e a voz do adulto sustentam/condensam sentidos possíveis: dor, eco, jogo, reprovação.

Pode-se dizer, então, que, no jogo interativo com o adulto, e a partir de suas interpretações, constitui-se um núcleo de estabilização das significações, um movimento de apreensão pela criança dos significados convencionais, à medida que ela "torna próprio" (apropria-se de) algo que é "pertinente/apropriado" do ponto de vista de seu grupo social.

Essa ideia de apropriação, no duplo sentido de pertinência e propriedade, implica a multiplicidade de sentidos possíveis — em função da diversidade de contextos possíveis de enunciação de cada palavra ou gesto particular — no movimento de apreensão pela criança dos significados convencionais.

Episódio 2

Após uma breve disputa em torno de um copo de água, envolvendo cinco crianças, Jonathan (16m; 14d) e Gisele (12m; 28d) seguram os braços e a camiseta de Natália (15m; 13d).

Jonathan sai e Gisele segura o braço e a camiseta de Natália por trás.

Natália, andando com Gisele, ainda segurando-a:

— AIE, AIE! AI! AI! AIE!

Lena: — GISELE! CUIDADO AÍ, HEIN, VOCÊS DUAS!

As meninas param e dão uma olhada para *Lena.*

Natália, tirando a mão direita de Gisele de seu ombro:

— AIE!

— AI! AI! (enquanto Gisele, que ainda a segurava com a mão esquerda, coloca novamente a mão direita no ombro de Natália).

— AI! (andando para a frente e deixando Gisele para trás, livrando-se momentaneamente de suas mãos).

Gisele tenta novamente apoiar-se nos ombros de Natália, mas ela anda para a frente, enquanto repete:

— AI!

Gisele cai de joelhos, apoiando as mãos no chão.

Natália vira-se, vê Gisele de joelhos no chão, estica o braço em direção a ela e começa a puxar seus cabelos com as duas mãos, dizendo:

— AI! AIE!

Ao mesmo tempo, Gisele apoia-se em Natália para levantar-se do chão. Levanta-se, enquanto Natália solta seu cabelo.

Gisele segura novamente a camiseta de Natália com a mão direita, enquanto Natália vira-se, exclamando algo incompreensível, na mesma entonação do "ai", e sai andando com Gisele atrás, segurando seu ombro e camiseta.

Ao andar, Natália repete quatro vezes a mesma exclamação incompreensível. Gisele permanece segurando-a por trás.

Lena: — GISELE!

Natália (andando): — AI!

Gisele solta Natália e sai.

Natália (andando): — AI!

Depois para, vira-se e olha em direção à Gisele.

Nesse episódio, a expressão "ai", dita por Natália em um certo ritmo — ai, ai, aie —, parece carregar os sentidos de queixa, briga, desconforto, protesto etc. Em 36 segundos, Natália fala "ai" catorze vezes. De fato, ela é a única que diz "ai" durante todo o evento, seja quando sofre uma ação (tem seu braço e sua camiseta puxados), ou quando age sobre o outro (puxando os cabelos de Gisele).

Examinando os movimentos interativos das meninas, pode-se observar que elas trocam de posição: num primeiro momento, Gisele é quem provoca desconforto em Natália; depois, Natália é quem presumivelmente provoca dor em Gisele.

Seria esperado que Gisele chorasse ou reclamasse, quando ela cai e Natália puxa seus cabelos. No entanto, Gisele não diz nada e nem chora. Os adultos presentes, que parecem não prestar atenção a esse momento, também não dizem nada. Então, é Natália a única que fala, a que detém a palavra, seja quando sofre uma ação ou quando age provocando sensações no outro.

A fala de Natália torna-se significativa à medida que adquire diferentes funções e múltiplos sentidos: ela pode expressar, designar, significar, concentrar, ações, emoções, sensações, relações, posições, relativos ao evento como um todo.

O que Natália diz parece apropriado à situação, ao veicular sentidos diversos e ao sintetizar posições sociais diferentes — ela fala por si mesma e por todos os outros:

desconforto, protesto, dor e mesmo reprovação podem estar condensados em sua fala.

Nessa medida, sua fala pode ser interpretada como uma instância de apropriação da experiência cultural, uma vez que ela transforma em suas próprias as palavras de outros em diferentes posições. Em termos teóricos, esse movimento de apropriação parece implicar, assim como no episódio anterior, a ideia de pertinência e adequabilidade em relação às normas e práticas sociais.

Episódio 3

Marina canta uma musiquinha infantil (voz).

Uma criança: — TIA! (voz).

Marina: — ÉÉÉ. O PAUZINHO (a cena começa a ser focalizada pela câmera).

— Ó O PATINHO, Ó, Ó! (colocando um patinho com rodas no chão).

Breno (13m; 29d) e Carolina (15m; 26d), que estão em pé ao lado de *Marina* (sentada em um banco), olham para o brinquedo no chão.

Marina empurra o brinquedo, que se desloca um pouco para a frente.

Carolina aponta (com o dedo indicador esticado) para o brinquedo.

Marina: — É O PATINHO!

Carolina: — Ó LÁ! (apontando também).

Carolina vai em direção ao brinquedo, com o indicador ainda esticado. Pega o patinho e o leva de volta para *Marina.*

Breno tenta pegar o "pauzinho" que *Marina* segura em sua mão esquerda.

Marina: Ó LÁ O PATINHO!

Marina olha sorrindo para Danilo (16m; 8d), que se aproxima segurando um graveto nas mãos e vocalizando.

Marina: OI! (pegando o patinho de Carolina).

— OI! (olhando para Danilo e colocando o patinho no chão).

Marina empurra o patinho e imita um barulho de carro e buzina: — ÕÕÕN! BI-BI!

Marina encosta-se no banco, olha para a frente e volta-se para Danilo: — OLHA O PATINHO!

Adulto e crianças ocupam-se com um brinquedo — um patinho com rodas. O adulto fala "patinho" várias vezes. Inicialmente, ele nomeia e executa com o brinquedo a ação de empurrá-lo. Ao falar e agir sobre o objeto, Marina também dirige a atenção das crianças para o brinquedo e para sua ação. Desse modo, sua fala condensa a referência ao objeto, a instauração e manutenção do contato com as crianças e a própria ação sobre o objeto.

Quando Carolina aponta o brinquedo, Marina o nomeia e também o aponta, interpretando o gesto da criança e mantendo, dessa forma, a dinâmica interativa. Ao nomear o objeto, o adulto parece tomar o gesto da criança como referindo-se ao brinquedo. É interessante notar que, nesse momento, Marina diz "é o patinho!", atribuindo ao gesto o sentido de uma indagação sobre o objeto ou sobre seu nome.

O gesto de apontar é compreendido por Vygotsky como o mediador no estabelecimento do significado das primeiras palavras da criança, como uma transição entre a expressão afetiva pura e a linguagem objetiva. Essa concepção articula-se à sua compreensão sobre as primeiras palavras da criança. Estas teriam inicialmente apenas uma função nominativa e, semanticamente, uma referência objetiva.

Para Vygotsky, o gesto de apontar é justamente o precursor dessa capacidade de referir-se a algo objetivo por meio da fala. No entanto, em sua perspectiva, a própria função de referência não se faz na relação direta entre a palavra e o objeto, mas apenas à medida em que esta relação é estabelecida pelo adulto, em sua interação com a criança. Só então a palavra adquire sentido para a criança.

Mas, em nosso episódio, Carolina não aponta apenas: ela pega e devolve o objeto ao adulto, produzindo um recorte na dinâmica interativa, à medida que seu gesto suscita uma repetição da ação sobre o objeto e da nomeação pelo adulto. Este recorte insere a fala do adulto numa espécie de jogo entre adulto e crianças, baseado na repetição da sequência interativa que se desenrolou em torno do objeto.

Isso levanta questões relativas à compreensão pela criança da palavra do adulto, uma vez que nos leva a suspeitar que aquela não se limita a uma vinculação entre palavra e objeto, mas relaciona-se com os diferentes sentidos que circulam na dinâmica interativa.

Luria (1986) afirma que a função da palavra de designar um objeto — denominada "referência objetal" — desenvolve-se na criança, apresentando-se suficientemente formada apenas por volta dos quatro anos. Mencionando dados obtidos em pesquisas sobre a compreensão que bebês têm da fala do adulto, ele demonstrou que, nessa idade, a referência objetal ainda é instável, dependendo do contexto de enunciação da palavra, de condições concretas, tais como quem fala, a entonação e até mesmo a posição espacial da criança.

Luria, porém, não chega a abordar essa questão do ponto de vista das dinâmicas de interlocução e de significação.

Temos considerado, a partir de Bakhtin, a compreensão da criança, não em relação a um significado estável, mas em relação à significação que se constrói numa situação e numa dinâmica interativa específicas. Bakhtin (1981) afirma que, mesmo nas fases iniciais da aquisição da linguagem, a compreensão da palavra pela criança envolve a apreensão da orientação que lhe é conferida por um contexto e uma situação precisos.

Retomando a ideia de Vygotsky de que a palavra adquire sentido para a criança apenas à medida que o adulto estabelece a relação entre esta e o objeto, podemos destacar que nossa análise da produção de sentidos da palavra aponta que essa relação não é direta e objetiva. Ou seja, a nomeação do objeto pelo adulto não se reduz à sua designação, uma vez que a palavra articula diferentes sentidos.

Neste ponto é preciso destacar algumas especificidades do objeto em questão. Trata-se de um patinho de brinquedo com rodas; não é um pato "de verdade"; não é também uma simples reprodução de um pato. Esta especificidade do objeto — o fato de possuir rodas e, portanto, poder ser empurrado ou puxado — é destacada pelas ações do adulto e também por sua fala.

Ao empurrar o patinho pela última vez, Marina imita o som de um carro e de uma buzina, destacando/recortando sua própria ação e ampliando os sentidos relacionados ao objeto. Ela articula o movimento do patinho — que roda ao ser empurrado — ao movimento (e som) dos carros (de brinquedo e não brinquedo); articula, também, sua ação de empurrar o patinho à ação de empurrar os carrinhos de brinquedo.

Desse modo, sua fala isola/destaca a sua própria ação e o efeito desta sobre o objeto, antes de referir-se ao objeto enquanto tal. A fala do adulto é, então, investida de uma multiplicidade de significações: muito mais que o nome de um objeto, que o estabelecimento de uma relação objetiva de referência, o sentido da palavra articula ações e interações culturalmente determinadas, ao constituir-se na dinâmica interativa.

Assim, a nomeação do objeto pela palavra parece implicar também um determinado modo de identificá-lo e compreendê-lo. De acordo com as formulações de Vygotsky (1984), a apreensão dos objetos pela criança é sempre mediada pelo outro e pela linguagem. Na interação com a criança, o adulto aponta/nomeia/recorta objetos, ações e estabelece relações. No entanto, o mesmo objeto pode ser identificado de vários modos pela palavra, já que há sempre um "ponto de vista" ou uma "perspectiva referencial" (Wertsch, 1985) envolvida em qualquer ato de referência. Poderíamos dizer, então, que a palavra sempre proporciona uma versão/visão particular do objeto concreto, ao introduzi-lo em um determinado contexto significativo. A mediação pelo outro e pela palavra, à medida que torna o objeto significativo, implica a impossibilidade de sua apreensão direta pela criança.

Na situação analisada, conforme já apontamos, a fala do adulto articula a referência ao objeto à própria dinâmica interativa e aos modos culturalmente determinados de ação sobre ele. E ao dizer "Õõõn! Bi-bi! / Olha o patinho!", o adulto destaca especificidades do objeto e de sua própria ação. Essa articulação possibilita à criança uma apreensão do objeto prenhe de significação e de sentido.

Isso implica que são múltiplos os recortes que se produzem nessa dinâmica. A fala do adulto, ao articular/condensar sentidos diversos, não apenas destaca dimensões determinadas do objeto, mas também circunscreve ações e relações. É importante destacar, ainda, que é nessa mesma dinâmica que a palavra começa a se configurar enquanto tal para a criança.

No caso de nosso episódio, a palavra "patinho" aparece sempre no interior do fluxo verbal da fala do adulto: "Ééé. O pauzinho / Ó o patinho, ó, ó!"; "É o patinho / Ó lá! / Ó lá o patinho!"; "Õõõn! Bi-bi! / Olha o patinho!". A configuração da palavra para a criança implica recortar esse fluxo verbal. Tal recorte começa a se estabelecer no interior do mesmo processo em que os sentidos da fala do adulto são produzidos.

Pode-se dizer, então, que no processo de produção de significações, a fala do adulto sustenta/condensa sentidos, configurando núcleos de estabilização das significações; ao mesmo tempo, tanto o fluxo verbal da fala do adulto quanto as múltiplas dimensões dos objetos são recortados, num movimento simultâneo de constituição da palavra e de (trans) formação do objeto.

Considerações finais

Ao centrarmos nossas análises no material empírico, tínhamos como objetivo provocar indagações e explorar possibilidades de ver/mostrar a emergência das primeiras palavras, a partir das dinâmicas sociais de produção de significações. Num primeiro momento, destacamos movimentos em que a palavra enunciada pelo adulto ecoa entre as crianças, suscita o gesto, configurando-se num processo que envolve multiplicidade e dispersão de sentidos, bem como momentos de estabilização de significações.

Em seguida, enfocamos a palavra enunciada pela criança, num movimento de apropriação — adequação/pertinência — de palavras, vozes dos outros. Nesse movimento, a palavra emerge — polissêmica e polifônica — condensando sentidos e sintetizando posições sociais.

Num terceiro momento, discutimos aspectos implicados nas relações palavra/objeto. No mesmo processo em que a fala do adulto e o contínuo das produções da criança são recortados — constituindo palavras e gestos significativos —, os sentidos que aí se produzem vão sendo nucleados, restringidos, configurando objetos, ações e relações.

Esse modo de olhar, de relevar o movimento coletivo, conjunto, partilhado de produção de significações conduz à problematização de concepções que atribuem ao indivíduo a origem do sentido, bem como daquelas que assumem a referência objetal como característica fundamental das primeiras palavras da criança. Esse modo de olhar pode ainda contribuir para o redimensionamento do lugar da linguagem na psicologia do desenvolvimento.

Referências bibliográficas

BAKHTIN, M. *Marxismo e filosofia da linguagem*. São Paulo: Hucitec, 1981.

______. *Ésthétique de le création verbale*. Paris: Gallimard, 1984.

LURIA, A. R. *Pensamento e linguagem*: últimas conferências. Porto Alegre: Artes Médicas, 1986.

VYGOTSKY, L. S. *Formação social da mente*. São Paulo: Martins Fontes, 1984.

VYGOTSKY, L. S. Thinking and speech: problems of general psychology. In: RIEBER, R.; CARTON, A. (Eds.). *Collected works of L. S. Vygotsky*. Nova York: Plenum Press, 1987.

______. *Pensamento e linguagem*. São Paulo: Martins Fontes, 1989.

WERTSCH, J. V. *Vygotsky and the social formation of mind*. Cambridge: Harvard University Press 1985.

"COMIDA, DIVERSÃO E ARTE": o coletivo infantil no almoço na creche*

*Ercília Maria Angeli Teixeira de Paula***
Zilma de Moraes Ramos de Oliveira ***

São mais de 11 h da manhã. Em uma creche pública na periferia de São Paulo, as educadoras[1] LÚCIA *e* CARMEM *estão sentadas cada uma na ponta de uma mesa onde seis crianças estão almoçando.* CARMEM *fala para Fernanda (18),*[2] *sentada a seu lado: "Nanda, come!" Fernanda olha para a educadora e começa a comer.* LUCILA *fala a Bruno (20): "O Bruno é esperto! Põe na boca, põe, Bruno.*

* Este trabalho integra o coletivo de pesquisas desenvolvidas no Cindedi — Centro Brasileiro de Desenvolvimento e Educação Infantil da FFCLRP-USP — com apoio da Fapesp e do CNPq. Em sua versão inicial, foi apresentado como dissertação de mestrado de Ercília Maria Angeli Teixeira de Paula na FE-USP, em 1994.

** Mestre pela Faculdade de Educação da USP. Pedagoga do Hospital Sarah Kubitschek, São Luís, Maranhão.

*** Professora Livre-Docente do Departamento de Psicologia e Educação da FFCL de Ribeirão Preto — USP.

1. Colocaremos os nomes das educadoras em letras maiúsculas para difereciá-los dos das crianças.

2. O número entre parênteses indica a idade da criança na sessão, em meses.

Huummm... que delícia! Põe na boquinha!" As educadoras sorriem para ele e Bruno come com sua colher, deixando cair um pouco de comida sobre a mesa. Lucila *lhe diz, baixando a voz: "Ih, tá jogando de novo!" Enquanto isto as educadoras dão de comer às outras crianças. Em um determinado momento* Lúcia *esboça um gesto de pegar a colher de Rosângela (16) para ajudá-la a comer mas a deixa comer sozinha, conversando baixinho com ela, que lhe sorri. Mona Lisa (15) para de comer e observa o que se passa ao redor.* Lúcia *pega a colher da mão dela, enche-a de comida e leva-a até a boca da menina dizendo: "ó!" Mona Lisa come e a educadora lhe diz: "Isso!"*

Ao longo da história da humanidade, as diferentes culturas foram elaborando muitas maneiras de conceber a forma de suas refeições, além de determinados procedimentos para alimentar crianças pequenas e ensiná-las a comer por si mesmas. Enquanto a maior parte dos animais nasce preparada para buscar seus próprios alimentos e adquirir rapidamente uma autonomia nesta busca, na espécie humana esta autonomia é mais tardia.

Um melhor entendimento deste processo pode ser feito à luz de teorias que estudam o desenvolvimento humano. Segundo a perspectiva sociointeracionista proposta, dentre outros, por Vygotsky (1978) e Wallon (1971), o desenvolvimento da criança, sua construção como sujeito, ocorre em determinados ambientes físico-sociais historicamente elaborados. Nestes ambientes, os membros adultos de uma cultura (pais, avós, educadores, irmãos mais velhos e outros) cuidam de fazê-la participar de diferentes atividades e assim promover-lhe diferentes ações, segundo suas concepções de desenvolvimento infantil. Assim, ações partilhadas ocorrendo em situações historicamente determinadas, levam a criança, concomitantemente, a se apropriar de um saber construído em uma cultura e a se modificar. Responde assim, não apenas a suas necessidades como um organismo biológico, mas a necessidades psicossociais, que são históricas.

O dinamismo desta interação faz com que os homens elaborem novos recursos psicológicos auxiliares de suas ações — formas mais elaboradas de manipular objetos, de perceber situações, de memorizar eventos, de representar elementos, de significar afetivamente alguns fatos, de solucionar problemas etc. — a depender das condições materiais de produção de cada sociedade.

Nestas situações, a atividade interpessoal é tão integrada que os parceiros, particularmente a criança pequena, têm dificuldade de perceber sua ação separada da do parceiro. Com a experiência, contudo, há progressiva individuação, conforme os indivíduos apreendem a totalidade da situação, diferenciando os papéis nela envolvidos pelas tomadas do papel do outro e de alternâncias e oposições a este. A operação interpessoal é reconstruída internamente conforme o indivíduo imita o parceiro mais experiente, apropriando-se do polo que lhe faltava na tarefa, ou seja, das instruções, questionamentos e recortes que o parceiro lhe oferece, podendo assim fazer indicações a si mesmo.

A perspectiva sociointeracionista considera portanto, que as funções psicológicas são construídas na assimilação da experiência histórico-social partilhada, ocorrendo por meio de interações que se estabelecem entre o indivíduo e seus parceiros sociais. Tais interações atuam como mediações constitutivas da linguagem, da emoção, da cognição e do conhecimento, enfim, do sujeito, ao submetê-lo a formas de ação semioticamente mediadas que serão, por sua vez, modificadas.

Observar uma prática social cotidiana ocorrendo em uma creche e investigar as relações sociais que nela ocorrem, bem como as exigências feitas ao comportamento das crianças, nos auxilia a discutir os processos educativos que ocorrem naquela instituição e as formas como os mesmos contribuem para o desenvolvimento infantil.

Uma atividade na qual as crianças se encontram cotidiana e rotineiramente na creche, tendo múltiplas possibilidades de interagir, é o almoço. Entretanto, a natureza desta atividade não tem sido suficientemente explorada em relação aos elementos que a compõem e tornam possível uma ação pedagógica acerca dela.

Partindo de uma perspectiva que denomina co-construtivista, Jaan Valsiner (1987) discutiu a importância de estudos das práticas sociais envolvidas na atividade de alimentação, uma das primeiras atividades estabelecidas na relação adulto-criança, lamentando a ausência dos mesmos na compreensão do significado desta atividade na história da humanidade. Por isso, efetuou estudos longitudinais das interações ocorridas naquela situação com dois grupos de famílias de classe média dos Estados Unidos; o primeiro era composto por 34 famílias com crianças de 11 a 14 meses de idade e o segundo grupo com crianças de 6 a 7 meses de idade, acompanhando-as até os 24 e 26 meses, através da gravação em vídeo das sessões em suas residências. O autor destacou a importância do modo como o adulto concebe a situação de alimentação e nela age em relação aos filhos. Segundo ele, o adulto, na preparação e oferta do alimento para a criança, tem sua atividade objetivada em dois aspectos: dar-lhe de comer para ele/ela desenvolver-se fisicamente, assim como para socializá-lo(a) nos modos apropriados de uma dada cultura. A criança, por sua vez, ao alimentar-se, busca saciar sua fome por meio de ações que vão sendo confrontadas com as regras e normas que o adulto lhe apresenta neste processo.

O desenvolvimento das ações das crianças começaria de um estágio de não intencionalidade para direções culturalmente determinadas através de incentivos e restrições, havendo uma "apropriação" pela criança das formas de comportamento prescritas pela cultura na qual está inserida.

A interação adulto-criança estudada por Valsiner, contudo, apresenta algumas características diferentes das interações sociais que se observa em um contexto de educação coletiva como o da creche, onde coetâneos são os parceiros mais disponíveis para cada criança. Estudos de interações criança-criança, todavia, até há bem pouco tempo, baseavam-se em uma visão de criança como um ser "incompleto e incapaz", cabendo ao adulto socializá-la na cultura. Pouco se enfatizava a criança como um sujeito ativo e competente na produção de significados e conhecimentos com seus pares, através das interações com eles estabelecidas.

Nosso trabalho teve por objetivos:

1. Analisar as interações educador-criança e criança-criança durante o almoço em uma creche pública municipal da periferia da cidade de São Paulo, para apreender a forma de apropriação pelas crianças dos padrões culturais de ação naquela atividade. Procuramos conhecer como as educadoras orientavam as crianças na situação de almoço na creche e como estas se apropriavam das instruções recebidas, construindo conhecimentos e significados a partir das interações que estabeleciam.

2. Relacionar as interações adulto-criança com: a) as opiniões dos educadores sobre a creche, o almoço que nela ocorre e as necessidades e comportamentos das crianças; b) suas condições de trabalho e seu preparo profissional.

Para tanto realizamos gravações em vídeo de sessões de almoço com dois grupos: A (com 18 crianças de 1 a 2 anos de idade) e B (com 19 crianças de 2 a 3 anos de idade), cada qual com duas educadoras, respectivamente. Gravamos três sessões por grupo, cada uma delas com duração média de vinte minutos, durante duas semanas. A análise das interações foi realizada a partir da transcrição e da análise microanalítica de episódios ocorrendo antes, durante e após o almoço, dentro de uma perspectiva comprometida com a apreensão da emergência de novas formas de ação (Oliveira, 1988, 1995; Oliveira e Rossetti-Ferreira, 1993). Nessa análise, procuramos considerar os elementos afetivos aí presentes: motivos, emoções, valores, sentidos pessoais e também o contexto simbólico mediador construído em um certo momento econômico-político-ideológico de uma dada sociedade. Além disso, realizamos entrevistas com as educadoras responsáveis por estes grupos.

O sabor do almoço quando se é criança

A análise das sessões gravadas nos levou a constatar que, nos dois grupos, as crianças têm mais oportunidades para interagir com seus pares de idade do que com as educadoras, dado o modo como a situação está organizada (muitos meninos e meninas para poucos e atarefados adultos).

Nas interações com companheiros as crianças constroem e compartilham: conhecimentos (criando suas próprias linguagens), emoções (através das trocas afetivas que estabelecem), conflitos, resistências e apaziguamentos, resolvendo conjuntamente alguns problemas quando os adultos não intervêm. Por meio destas interações, apropriam-se das regras do ambiente e dos instrumentos que lhes são oferecidos para a execução da tarefa de formas muito particulares. Buscam coordenar seus gestos e movimentos compondo rituais e imitações do parceiro ou de adultos.

A imitação imediata, frequentemente observada neste período, evolui de uma sincronização dos ritmos posturais e das verbalizações dos parceiros, pelas crianças de 1 ano, até a criação de brincadeiras coletivas mais elaboradas (alimentar-se reciprocamente, jogar comida um no outro, esconder as cabeças debaixo da toalha) no grupo de crianças de 2 anos, com reprodução dos aspectos básicos dos comportamentos dos parceiros.

Jéssica (19) bate com as palmas das mãos na mesa, observada por Edgar (19). Este bate as palmas da mão ainda mais fortemente na mesa, coloca-as sobre a mesa e olha para Jéssica, que também bate as palmas na mesa. Edgar volta a bater as palmas das mãos na mesa, para de bater, olha para Jéssica, que também para de bater. Uma criança sentada em outra mesa começa a bater na mesa com as palmas das mãos. Jéssica volta-se para olhá-la. Edgar, Priscila (19) e Fernanda (19) batem palmas na mesa. Jéssica bate palmas na mesa, observada por Edgar, que parou de bater. As crianças desta mesa batem as palmas na mesa até que a educadora chega com a comida.

O episódio nos permite notar que alguns elementos da situação são tomados pelas crianças como "pistas" para a adoção de certos papéis, conforme compõem sequências de gestos integradas em ritmos por elas estabelecidos, os quais se assemelham a verdadeiras composições artísticas. É como se elas construíssem relações sociais em um processo análogo à construção improvisada de melodias. Nestas situações, as interações que as crianças estabelecem são compostas de sinais, pausas, contrastes, interrupções, olhares, sorrisos, batidas de mãos, de colheres, enfim, uma multiplicidade de ações buscando uma harmonia, um ritmo, envolvendo algumas vezes até dez crianças.

A coordenação dos papéis pelas crianças, ou seja, das propostas que podem ser apreendidas em seus gestos, posturas e verbalizações, ocorre conforme algumas sequências de ações ritualizadas através da sincronização de gestos expressivos e de alternância de turnos.

Quando uma música vinda de fora da sala é ouvida, Katarina (16) sorri e bate as palmas das mãos ritmicamente na mesa, olhando para Fernanda (19). Em seguida, repete os gestos. Fernanda bate as palmas de suas mãos na mesa, observada por Katarina. Depois as duas meninas batem as palmas das mãos na mesa, rindo. Fernanda apoia o cotovelo na mesa e *olha para a educadora que se aproxima, enquanto Rosa (17) balança a cabeça de Katarina. Esta balança sua cabeça no ritmo da música, batendo as palmas das mãos na mesa. Fernanda bate de leve e rapidamente a mão direita nos próprios lábios, enquanto grita: "O, o, o, o!". Katarina imita Fernanda por um instante e novamente bate as palmas das mãos na mesa. Uma educadora aproxima-se e dá às crianças seus pratos de comida.*

O controle das ações das crianças de até 2 anos de idade é inicialmente dominado pela esfera afetiva, sendo que elas exploram as situações principalmente pelos seus canais emotivo-posturais. Gestos expressivos e uma atitude de observar as ações do parceiro e sincronizar suas próprias ações com as dele são o principal modo de as crianças coordenarem suas ações, revelando o efeito dinamogênico da presença do outro, na linguagem wallomana (Oliveira e Rossetti-Ferreira, 1993). Há, portanto, neste período, maior saliência de atos expressivos sobre os instrumentais.

Além disso, em algumas situações envolvendo as crianças mais velhas, observa-se a ocorrência de imitação diferida, particularmente de tomada do papel do adulto pela criança (alimentar o parceiro estendendo-lhe a colher cheia de comida ou pondo-lhe comida nas mãos).

Marcos (22) pega alguma comida de seu prato com a colher, estende-a em direção a Heberson (16) e a coloca na mão deste. Observado por Marcos, Heberson leva a mão à boca de olhos fechados, come a comida e, sorrindo, estende a mão novamente em direção a Marcos, que reinicia toda a sequência interacional.

Wellington (24) e Alan (22) estão sentados lado a lado, comendo. Alan fala: "É papá!" enquanto pega com a mão um pouco de arroz do prato de Wellington. Ele come o arroz e estende a mão com a palma voltada para cima na direção de Wellington. Este pega alguma comida de seu prato e a coloca na boca aberta de Alan. Este come e diz à Wellington: "Quê mais?"

Nos dois episódios, os gestos de oferecer e receber comida são trazidos pela ação das crianças de forma cada vez mais abrangente. Ao imitar o outro, as crianças necessitam captar os modelos em suas características básicas. Elas realizam uma percepção dos mesmos a partir de sua própria plasticidade perceptivo-postural, ajustando-se afetivamente a eles. Nas crianças um pouco mais velhas, como mostram os exemplos, tais gestos são reproduzidos por meio de ajustes posturais e pela apropriação que elas fazem das expressões verbais empregadas pelos educadores e pais em situações semelhantes. Com isso decodificam o conjunto de impressões que captam do outro, experimentando diversas possibilidades de ações no meio em que estão inseridas. Assim, as imitações e oposições aos parceiros aparecem como recurso que as crianças utilizam para se apropriar dos significados presentes na tarefa e conhecer ativamente seus parceiros e os limites definidores da situação.

A partir da análise que fizemos dos episódios, pudemos verificar que a transição da imitação imediata para a diferida é um processo complexo de libertar-se do contágio motor-gestual — que preludia a imitação imediata e que esteve presente nos episódios de bater coletivamente as mãos ou cotovelos na mesa, as colheres no prato — para assumir um comportamento baseado principalmente em representações e orientado por regras de desempenho, tal como vimos nos episódios em que uma criança alimenta o parceiro. Esta transição, contudo, não se dá de modo cognitivamente pré-delineado, mas como uma resposta afetivo-cognitiva à situação interacional, na medida em que certos elementos atuais trazem para o presente experiências passadas das crianças.

Além de suas funções lúdicas e comunicativas, a imitação é, assim, um instrumento muito importante para a apropriação de signos. Por meio dela, gestos elaborados em sistemas semióticos histórico-culturais são difundidos e transformados, abrindo possibilidades indeterminadas para novas sequências interacionais. Mas a imitação integra-se à diferenciação de papéis e à construção da própria identidade pelos parceiros, pelo confronto e oposição entre cada sujeito e aqueles que lhe servem de modelo (Oliveira, 1995; Oliveira e De Paula, 1994; Oliveira, 2011). Por sua vez, os próprios instrumentos utilizados para comer — talheres, pratos e copos — funcionam como recursos auxiliares à ação das crianças, constituindo importantes elementos mediadores nas suas relações com os companheiros.

A dura batalha entre educadoras e crianças no almoço

Um quadro muito diferente das competências infantis é obtido quando as interações estabelecidas pelas educadoras e as crianças são analisadas.

As educadoras têm origem social humilde, filhas de migrantes, e pouca escolaridade — em geral, primeiro grau incompleto. A maioria já trabalhou anteriormente como empregada doméstica, cuidando de crianças. A formação para o trabalho em creche se deu nesses serviços anteriores ou na relação com os próprios filhos, mais do que em cursos de treinamento sistematizados, os quais são vistos por elas como teóricos e dissociados do trabalho que desenvolvem. A pouca preparação das educadoras para trabalhar na creche provoca sérias implicações no cotidiano. Uma das educadoras contou como foi seu primeiro dia na creche, quando a colocaram para trabalhar com um grupo de crianças maiores. Segundo seu depoimento, ela *"não sabia se sentava ou se chorava"*, pois sentia-se completamente despreparada para exercer a função, julgando que as crianças eram rebeldes e necessitavam ser domadas.

O convite que inicialmente fazemos ao leitor é acompanhar a apresentação de dois episódios, um de cada grupo, extraídos das sessões gravadas em vídeo, para então discutirmos as interações adulto-criança na situação.

As crianças do grupo A, aproximadamente 16, estão sentadas em uma mesa bem grande, feita pela reunião de várias mesinhas. A educadora MARGARIDA *aproxima-se da mesa trazendo um copo de água que dá para André (17), observando-o beber. Pamela (19), ao lado, para de comer e começa a bater com sua colher no prato. Logo Mona Lisa (16), Katarina (16), Jéssica (18) e Priscila (19) batem com a colher nos seus pratos, entreolhando-se e sorrindo. A educadora* LENA, *agachada ao lado de uma criança e ajudando-a a comer, olha-as e fala: "Mona Lisa, o que é isso?" As crianças param de bater, exceto Katarina.* LENA *volta-se para esta e diz: "Não, Katarina! Assim não!" Após poucos segundos, as crianças voltam a bater com a colher nos pratos. As educadoras estão do outro lado da mesa, ajudando algumas crianças a comer.* MARGARIDA *diz: "Olha a sapataria..."* LENA *acrescenta: "Ei, Pamela, papa!", mas as crianças continuam batendo, só que mais levemente. Katarina bate um pouco mais forte.* Margarida, *que está dando comida para André, lhe diz: "Sapataria não pode! Sapateiro é lá em casa. Agora é hora de papá!" As crianças continuam batendo a colher de leve no prato.* Margarida *afasta-se de André. Este começa a bater com sua colher no prato, olhando para* Margarida, *que lhe diz: "André, não pode fazer isto não, tá?" Ela vai até ele e pega-lhe a colher. As outras crianças continuam batendo.* Margarida *as observa e lhes diz: "Psiu! Não! Papá bonitinho!" Ela vai até Katarina, que continua batendo, pega-lhe a colher, começa a amassar sua comida e lhe diz: "Ah, não! Assim não pode! Isto é martelo ou colher? Ãh?" e leva comida até a boca de Katarina, que se recusa a comer. Pamela começa a bater com sua colher no prato.* Margarida *observa-a e lhe diz, sorridente: "Ah, Pamela!" e a garota para de bater.* Margarida *volta-se para a pesquisadora (gravando em vídeo) e lhe diz: "É brincadeira?" e vai até André dar-lhe comida. Katarina volta a bater com a colher no prato.* Margarida *lhe repreende: "Katarina... Cai a comida no chão, fica feia!" e procura dar-lhe comida, a qual é rejeitada.*

Em outro dia, no grupo B, quando as 17 crianças presentes já haviam terminado de almoçar, Jefferson (27) aproxima-se de Camila (27), que está sentada na cadeira, com o corpo, porém, debruçado sobre a mesa. Rafael (25), sentado em sua cadeira, volta-se para olhar uma criança sentada na mesa ao lado. Alguém diz: "Eh, eh, eh!" Camila sobe no assento de sua cadeira, olha para a pesquisadora e começa a bater palmas enquanto grita: "Eh, eh, eh!" Jefferson também sobe na sua cadeira e grita: "Eh, eh, eh!" Bruna (25), Lucas (20), Fabiana (26) também sobem em suas cadeiras, batendo palmas e gritando. A educadora Nice *aproxima-se com um pano na mão e começa a limpar a mesa, dizendo: "Ó, não é hora de brincadeira. Todo mundo sentado pra tomar água, comer sobremesa, senão não dá. Ninguém vai comer sobremesa se não ficar sentado!" Bruna fala "Tá!" e senta-se, assim como outras crianças também se sentam. A educadora fala: "Então tá bom!" Fabiana e depois Bruna olham para ela e dizem: "Tá!" Camila volta a ficar em pé na cadeira e olha para Bruna. Esta também sobe na cadeira, levanta os braços, olha para Camila enquanto grita: "Eh, eh, eh!" As duas meninas sobem e descem das cadeiras erguendo os braços e gritando.*

Um olhar sobre os episódios apresentados levanta questões. Há uma preocupação constante das educadoras em providenciar pratos, copos e talheres e em manter a arrumação do refeitório. No grupo de 1 ano, como as refeições são realizadas na própria sala das crianças, há uma precariedade muito grande na sua execução. As educadoras frequentemente se retiram da sala para buscar talheres ou alimentos na cozinha, o que piora a já inadequada proporção adulto-criança existente (9:1), tornando bastante deficitária a situação de atendimento. Além disso, neste grupo, as educadoras colocam babadores nas crianças, o que faz com que estas esperem ainda mais tempo pelo almoço, sendo comum algumas dormirem à mesa, antes mesmo de o almoço ter terminado. Por sua vez, no grupo de 2 anos, as educadoras dedicam grande parte de seu tempo distribuindo e recolhendo os pratos nas muitas mesinhas existentes no refeitório.

As interações educadora-criança são de curta duração. As educadoras buscam colocar as crianças sentadas nas cadeirinhas, aproximam-se delas para auxiliá-las a comer, dar-lhes cuidado higiênico e, muito especialmente, organizar o grupo infantil. Circulam bastante pelo refeitório, observando as crianças e verbalizando com elas, particularmente no grupo de meninos e meninas de 1 ano. Nos dois grupos, preocupam-se especialmente em dizer às crianças que se sentem, advertindo-as em voz alta para não fazerem bagunça, e chamando-as pelos nomes quando as veem comportando-se "inadequadamente".

No grupo dos menores, as educadoras estimulam as crianças a comer por meio de convites, elogios e solicitações para que fiquem atentas ao sabor e à cor dos alimentos, sendo inibidas algumas condutas não desejadas na situação como: comer com as mãos, pegar o babador do outro ou chorar. Já em relação aos mais velhos, a maior preocupação é proibi-los de alimentarem seus parceiros e brincarem com os mesmos no momento das refeições. Outra forma, pouco frequente contudo, usada pelas educadoras para controlar as crianças, é ameaçá-las com expressões do tipo: "Se não sentar, não come! Se não comer, não ganha sobremesa!" Em ambos os grupos, há ainda a preocupação das educadoras em ajustar os gestos das crianças ao correto uso dos talheres, pratos e copos.

Representações das educadoras sobre a creche, as características e as necessidades da criança pequena, particularmente aquelas de famílias de baixa renda, e sobre seu papel junto a ela, estruturam o olhar e a resposta das educadoras, chamando-lhes a atenção para certos pontos mais do que para outros, e terminam funcionando como importantes mediadores das suas ações. Isto pode ser percebido nos depoimentos transcritos a seguir:

Eu adoro dar assim de esbanjar. Eu gosto que eles comam até ficarem empanturrados. Igual bolacha, assim. Eles adoram. É laranja... Então eu adoro dar isso assim, pra eles se acabarem mesmo, né?

O que mais me desagradava assim era o fato deles não comerem ou de tá jogando a comida, tá? Tá espalhando, né?... Mas... agradável era ver as crianças comerem.

Em geral, observa-se que a preocupação das educadoras com a alimentação se associa a uma ideia de prevenção de doenças. Comer é crescer. Isto as mobiliza afetivamente, principalmente em relação à criança pobre.

As educadoras concebem as crianças como seres incompletos, que necessitam de um atendimento mais individualizado, mas reconhecem que suas condições de trabalho — grande número de crianças, ciclo incessante de atividades etc. — dificultam este processo.

E a gente às vezes tinha um pouco de dificuldade porque são crianças pequenas e exigem muito de você, né? E como... às vezes... vinham muitas crianças, então você não tinha disponibilidade pra servir uma criança só, então você tinha que passar pro outro, e às vezes isso daí era um pouco desagradável.

Subestimam ou supervalorizam a capacidade da criança pequena para entender regras e obedecer rotinas. Há uma ambiguidade no comportamento das educadoras em relação às atitudes de dominar e proteger. Regras e rotinas ora são colocadas como violências ao modo espontâneo de ser da criança, ora como requisito para o seu desenvolvimento. A desobediência às regras é vista como uma faceta da inocência dos mais novos, que se indagam sobre o "por quê?" das regras, e como sinal da malícia dos mais velhos, que seguramente as entendem.

porque eu acho que eles é muito pequenininho pra tá seguindo aquela regra de você ter que fazer todo dia isso. Eu acho que pra eles seria mais fácil, você deixar eles viverem. Se bem que é uma coisa boa pra eles terem aquela coisa seguida, né?... Mas eu acho que, pro tamanho deles, na idade deles, é querer forçar a barra demais...

mesmo que eles não obedeçam, eles entendem o que você fala e o que eles fazem é tudo na inocência e lá embaixo [referindo-se ao grupo dos maiores] *não, lá embaixo eles lá têm aquela malícia... Eu tento fazer eles comerem. Porque não tem, eu... pra idade deles, eu acho que não tem explicação. Eu não consigo explicar, sabe... tem essas coisa que... pros grandão, eles entendem, né? Mas pros pequenininhos, eles ficam assim: "mas por quê?"*

A maneira como as educadoras relatam suas ações para organizar o almoço está voltada para o controle do grupo, para a busca de eficiência na situação. Preocupam-se muito com os tumultos, inabilidades e falta de limites das crianças.

Bom, o que mais me incomoda é a hora que eles começam a jogar comida pro alto. Porque vai comida pra todo lado quando eles não querem. E o que mais me agrada é a hora que eles tão comendo. Que eles ficam tão quietinhos, quase não fazem bagunça, assim. Parece gente grande. Ó, no começo, eles tavam ...sabe? Eles choravam, eles não comiam direito, não sabiam pegar na colher. Agora eles estão bem: eles ficam quietinhos, quase não fazem bagunça.

As educadoras dizem preocupar-se em vigiar a criança para evitar dispersões, manter a higiene do almoço e a disciplina da criança na utilização dos talheres de "forma mais adequada", garantindo sempre que ela se alimente. Elas ainda não construíram modelos de educação e cuidado de crianças pequenas que não sejam a reprodução, em larga escala, de práticas educativas familiares disciplinadoras.

A linguagem oral ocupa o centro das preocupações enquanto veículo comunicativo de regras.

Eu controlo bem o grupo, né? Porque eu converso muito com eles. Aí, através da conversa, eles conhecem também a gente, eles sabem... e... eu também... eu dou o limite. Quando eu é... se é pra fazer, é pra fazer; quando não é, eu falo "não é", e eles param, entendeu? Tem limite. Comigo eu acho que o limite... porque a criança não pode ser também totalmente solta, ela tem que ter limite. A gente tem limite na vida da gente e tudo, né? Tem que ensinar eles, também, a hora que pode, a hora que não pode... E falar o porquê, né? Porque se a gente deixar eles soltos, a gente não consegue dominar, principalmente o maternal. Que... eles são... que a gente conversando bastante com eles, eles entendem e percebem.

As educadoras procuram auxiliar as crianças através de estímulos, reprimendas, orientações disciplinadoras, incluindo o estabelecimento de uma regra de experimentação obrigatória. Por vezes auxiliam a criança a realizar certos gestos motores considerados mais difíceis.

Sim, ensinamos eles a comer direitinho, a não pôr a mão no prato. A gente fica muito de olho nisso, né? Quando eles começam a catar, a gente já fala: Olha a mão no prato! *... aí eles já tiram.* Come com a colher!*, eles já começam a pegar a colher e já começam a comer. Então a gente, na hora do almoço, o que a gente mais ensina é isso. Porque lá embaixo eles* [referindo-se à turma de crianças um pouco maiores] *vão ter que usar garfo e faca, né? Que não sei pra quê, mas têm que usar. Então o que a gente ensina aqui é não colocar a mão na comida. Só que, quando eles têm uma dificuldade, assim como um bolinho, né? que vem um que eles não conseguem cortar com a colher, então... desde isso aí... a gente ensina eles a cortarem com a colher. Quando eles querem um pedacinho de uma coisa, a gente corta. Pega na mãozinha deles e vai cortando; apesar que eles num aprendem, é mais difícil, né?*

A gente orienta as crianças, porque eles querem, assim, vamos supor, se você coloca arroz, feijão ou abobrinha e um pedaço de frango, quer dizer, a criança sempre vai comer a carne. Também não dá. Então a gente fazia com que eles comessem um pouquinho de cada um.

A conversa é vista também como um recurso para convencer a criança a se alimentar. Para os maiores, dizem o nome e procuram mostrar o valor dos alimentos. Para os menores, usam a comparação com os colegas e a identificação dos alimentos como "gostosos".

Bom, sempre no maternal é mais fácil. Porque no maternal você pega uma cenoura, você conversa com eles na roda, você fala pra eles pra que serve a cenoura, é gostosa... você canta musiquinha, assim... é mais fácil. Pro minigrupo você tem que falar: é gostoso, o seu coleguinha tá comendo... olha, tá vendo, é gostoso.

As falas das educadoras em relação aos modos de intervenção do adulto que consideram mais apropriados revelam os papéis que elas se atribuem nesta situação, bem como suas concepções acerca do modo de educar. Há um cenário que elas estruturam, cabendo-lhes garantir a organização do espaço e o desenvolvimento do enredo, e, à criança, participar da situação apenas obedecendo às suas orientações. Contudo, a criança também acaba construindo o seu papel que, muitas vezes, difere daquele esperado pelos adultos. Daí as educadoras se queixarem de alguns aspectos do comportamento infantil.

As sugestões propostas pelas educadoras para a reorganização do almoço centraram-se em aspectos como: mudanças no tempo de duração da refeição e na forma de oferta de alimentos. Elas não reclamaram das condições de trabalho, como o pequeno número de profissionais para atender o elevado contingente de crianças, mas da organização rotineira da tarefa.

Apenas uma das educadoras referiu-se às relações interpessoais que se estabelecem na situação. Para ela, lidar com crianças pressupõe trabalho, diversão e arte, "para as crianças não ficarem perdidas". A diversão era vista como um recurso utilizado para distrair as crianças enquanto aguardavam pela comida e também como uma maneira de canalizar as ações delas para a tarefa de almoçar.

Em resumo, certas condições institucionais — razão adulto-criança inadequada, pessoal sem formação especializada e sem um conhecimento cientificamente embasado sobre desenvolvimento infantil e educação de creches, e com raras oportunidades de treinamento em serviço, além de baixos salários, falta de um plano de carreira, e outros fatores — não contribuem para estabelecer condições mínimas para que o trabalho se faça de forma mais produtiva. O trabalho educativo é realizado, portanto, de modo tumultuado.

Um novo olhar sobre o almoço

É possível pensar que situações criadas em instituições com propósitos educativos, como a creche, podem gerar condições para uma transformação significativa do psiquismo da criança por exigir-lhe formas mais complexas de relação com o mundo — formas de memorizar, de discriminar sons ou formas, de classificar ou ordenar elementos, de solucionar problemas —, historicamente elaboradas no decurso da experiência do trabalho humano. A vivência na creche, além disso, pode ampliar a compreensão que cada menino e menina têm de si mesmos enquanto sujeito histórico único. Foi com este olhar que analisamos as situações observadas.

Como vimos nos episódios transcritos, muitas crianças, até certo ponto com a fome saciada, não resistem a criar uma barulhenta sinfonia usando suas colheres. Contudo, para quem o trabalho na creche consiste numa árdua rotina a ser cumprida, uma gincana de tarefas diárias, a situação é absolutamente indesejável. Ao responder a ela como se fosse um ato de bagunça e rebeldia, a educadora atribui às crianças a condição de "desobedientes". As estratégias que as educadoras utilizam para solucionar as desobediências são: chamar a atenção para outra coisa ("é hora de comer"), censurar ("fulana, o que é isto?" ou "beltrana, assim não!"), mostrar implicações ("cai a comida no chão, fica feia").

Estes aspectos envolvem o processo de construção de identidade das crianças. A educadora é a figura mais forte que a criança pequena tem para estabelecer um vínculo afetivo, servindo-lhe como modelo para imitar ou opor-se. Ao mesmo tempo, a educadora auxilia-a a enfrentar alguns problemas que ainda se encontram pouco elaborados no seu comportamento infantil: dificuldade no manejo dos talheres, com a higiene e até mesmo com a mastigação. Por estar desenvolvendo novas funções motoras e sociais, a criança necessita de modelos mais experientes para realizar suas atividades, no sentido de construir novas bases de aprendizagem que lhe forneçam possibilidades de agir com mais competência, adquirindo novas habilidades na situação.

As ações das educadoras durante o almoço das crianças e o modo como depõem nas entrevistas parecem sugerir que poder disciplinar as crianças, de modo a que fiquem quietinhas, "parecendo gente grande", é falar (e muito) com elas. As educadoras parecem desconhecer que crescer, ou aquietar-se, ou perder a contagiosidade motora tão característica das crianças pequenas não se faz por coerção. Exatamente porque é um recurso fundamental de desenvolvimento, tal agitação deve ser trabalhada de modo mais adequado pelas educadoras: deixando ela própria de movimentar-se tanto pela sala, dado que tal movimentação pode terminar, exatamente, por promover maior agitação, formando grupos menores de crianças etc. Talvez isso ajude também a diminuir as ofertas de comida que as crianças continuamente fazem aos companheiros, e que os educadores tentam evitar, por desconhecerem que exatamente tais pedidos e ofertas, na falta de um ambiente mais adequado à apropriação dos elementos simbólicos do ato de comer, são as formas mais disponíveis para as crianças elaborarem este ato.

Há, além disso, necessidade de ser revista a razão adulto-criança na situação. Em média, cada educador atende nove crianças no almoço, o que lhe dificulta prestar um atendimento mais individualizado. A equipe coordenadora da creche deve, assim, organizar formas de auxílio aos educadores na sobrecarga que ocorre às refeições, de modo a dar-lhes melhores condições para estabelecer criativas e significativas interações com as crianças.

Acima de tudo, todavia, é necessário formar educadores voltados para observar as ações da criança em seus múltiplos aspectos, com maior conhecimento de seus processos de desenvolvimento e, dentre outros aspectos, da função que a imitação desempenha no mesmo. Apenas com um novo olhar às atividades infantis como fonte de construção de significados extremamente importantes é que se poderá compreender que o trinômio "comida, diversão e arte", tal como proposto na conhecida música popular, constitui uma base fundamental para se pensar a educação em creches.

Referências bibliográficas

OLIVEIRA, Z. M. R. *Jogos de papéis*: uma perspectiva para análise do desenvolvimento humano. Tese (Doutorado) — Instituto de Psicologia, USP, São Paulo, 1988.

______. Interações sociais e desenvolvimento: a perspectiva sócio-histórica. In: OLIVEIRA, M. K. (Org.). Implicações pedagógicas do modelo histórico-cultural. *Cadernos Cedes*, n. 35, p. 51-64, 1995.

OLIVEIRA, Z. M. R. The concept of "role" and the discussion of the internalization process. In: COX, B.; LIGHTFOOT, C. (Orgs.). *Sociogenetic perspectives on internalization*. Hillsdale, NJ: Erlbaum, s.d.

______. *Jogos de papéis*. São Paulo: Cortez, 2011.

______; ROSSETTI-FERREIRA, M. C. O valor da interação criança-criança em creches no desenvolvimento infantil. *Cadernos de Pesquisa*, n. 87, p. 62-70, nov. 1999.

______; DE PAULA, E. M. A. T. Adult-child and child-child interactions during lunch time in a Brazilian daycare center. In: INTERNATIONAL CONGRESS OF APPLIED PSYCHOLOGY, 23., Madri, 1994.

VALSINER, J. *Culture and development of children's action*: a cultural historical theory of development. Nova York: John Wiley & Sons, 1987.

VYGOTSKY, L. S. *A formação social da mente*. 2. ed. São Paulo: Martins Fontes, 1978.

WALLON, H. *As origens do caráter na criança*. São Paulo: Difel, 1971.

O INGRESSO NA PRÉ-ESCOLA: uma leitura psicogenética*

*Nadir Neves Nunes***

Nossa sociedade tem imposto a necessidade de as crianças serem colocadas cada vez mais cedo em instituições de educação infantil. Ao ingressar na pré-escola a criança se depara com um espaço que possui uma composição própria, com objetos específicos e uma estrutura social diversa da familiar. Isto quer dizer que ela vai ter que aprender a lidar com esse conjunto de novos elementos, assumindo novas condutas de acordo com as exigências desse novo contexto.

Saber mais sobre o significado das experiências vividas no início da escolaridade para o processo de desenvolvimento infantil, bem como para a continuidade da vida escolar, representa a possibilidade de contribuir na construção de propostas que permitam acolher as crianças para melhor atender suas necessidades, facilitando-lhes estabelecer interações mais produtivas com esse novo contexto.

---

* Este texto foi elaborado a partir da dissertação de mestrado: *Pré-escola*: tempo de espera. Um estudo sobre o processo de ingresso na EMEI, sob a orientação da profa. dra. Heloysa Dantas (FE-USP, 1995).

** Mestrado em Educação pela USP, Professora Mestre do Instituto Manchester Paulista de Ensino Superior.

Por meio de observações no cotidiano de uma EMEI (Escola Municipal de Educação Infantil) da cidade de São Paulo durante o ano letivo de 1993, buscamos saber um pouco mais acerca do que ocorre com a criança no processo de ingresso escolar. Essa investigação foi realizada em uma classe de 1º estágio, com 35 crianças que tinham, no início do ano, entre 4 anos e 4 anos e 11 meses e que viviam, em sua maioria, a primeira experiência escolar. Procuramos levar em conta tanto a ação da escola, que tenta ajustar a criança às suas exigências, quanto a transformação desta ao procurar dar-lhes resposta.

Adotamos como referencial teórico as concepções psicogenéticas de Henri Wallon, autor que permite a compreensão do processo de desenvolvimento tomando como referência a constituição do sujeito e que também possibilita a leitura de situações dominadas pela emoção, como é o caso do processo de ingresso na pré-escola.

Wallon: o desenvolvimento da pessoa

Na teoria wallomana, o desenvolvimento é entendido como um processo descontínuo, cujas características são a contradição e os conflitos. Seus estágios não possuem limites nítidos; sobrepõem-se, misturam-se, confundem-se.

Cada estágio é caracterizado pelo predomínio de um tipo de relação com o meio, ao mesmo tempo que representa um instante da evolução mental. Possuindo uma característica que lhe é específica, cada estágio está em estreita relação com o anterior, do qual precede, e com aquele que o sucederá, cujo surgimento prepara. De um estágio para outro não há uma supressão de condutas, ocorrendo, sim, uma subordinação das condutas anteriores àquelas que emergem; sendo assim elas poderão reaparecer em determinadas situações de crise, fazendo o indivíduo adotar atitudes em desacordo com seu estágio de desenvolvimento. A integração funcional que ocorre de um estágio para o outro lhes imprime uma certa progressividade e lhes dá o caráter de conjunto no processo de desenvolvimento.

Há ainda alternância funcional entre períodos voltados para uma edificação mais íntima, mais pessoal do indivíduo (orientação centrípeta) e outros voltados para o estabelecimento de relações com o mundo exterior (orientação centrífuga). Nos momentos em que está em primeiro plano a construção do eu, ocorre o predomínio das relações interpessoais e, consequentemente, da vida afetiva. Quando o que está em pauta é a elaboração do real, aumenta o interesse pelo conhecimento do mundo físico, predominando a atividade intelectual. No processo de construção da pessoa, portanto, há alternância de momentos de dominância afetiva e de dominância cognitiva, que estão sempre em processo de integração. "Cada novo momento terá incorporado as aquisições feitas no nível anterior, ou seja, na outra dimensão. Isto significa que a afetividade depende para evoluir, de conquistas realizadas no plano da inteligência, e vice-versa" (Dantas, 1992, p. 90).

A afetividade deve ser entendida, portanto, como um processo dinâmico do psiquismo humano, que evolui ao longo do desenvolvimento. Neste contexto, de acordo com Heloysa Dantas, poderíamos pensar em três momentos da afetividade: "afetividade emocional ou tônica; afetividade simbólica e afetividade categorial" (Dantas, 1992, p. 91), cada uma delas incorporando as conquistas realizadas pela inteligência.

As crianças observadas estavam no estágio denominado por Wallon de estágio personalista (3 a 6 anos), período de orientação centrípeta, voltado para a construção do eu e marcado pela dominância afetiva. A afetividade estava na sua fase simbólica, tendo incorporado as conquistas do período sensório-motor e projetivo (1 a 3 anos). Neste período, portanto, as emoções podiam tanto ser desencadeadas por ideias, evocadas por palavras, quanto reduzidas por meio da percepção e das representações.

A construção do eu

Wallon entende por pessoa o "ser total, físico-psíquico e tal como ele se manifesta pelo conjunto do seu comportamento" (1975a, p. 131). Ela irá se formar ao longo do processo de desenvolvimento, sofrendo acentuadas transformações em sua evolução. Sua construção começa no início da vida, período no qual as relações com o meio humano se dão, essencialmente por meio das emoções. Sua configuração, porém, só se torna possível mediante um processo no qual a criança faz a dissociação do seu eu do das outras pessoas. Para tanto a criança precisa alcançar um "poder de diferenciação, de crítica e de análise, que não é afetivo mas intelectual" (Wallon, 1979, p. 139).

O processo de construção do eu é demorado e configura-se em três etapas. A primeira delas é marcada pela conquista do eu corporal, que envolve os estágios impulsivo-emocional e sensório-motor e projetivo. A segunda etapa corresponde à tomada de consciência de si, apropriação do eu psíquico, tarefa do período personalista. É neste estágio que ocorre a superação da sociabilidade sincrética, característica da primeira forma de relação da criança com o ambiente. Neste momento processa-se a diferenciação do indivíduo daqueles que o cercam. Com a puberdade e adolescência surge a terceira etapa da conquista do eu, que será resultado das conquistas cognitivas alcançadas.

A conquista do eu psíquico é, portanto, preparada pela apropriação do eu corporal. A primeira fase desta apropriação é o recorte corporal realizado no estágio impulsivo-emocional, período que ocupa todo primeiro ano de vida. A constituição da personalidade física se dá no momento em que a criança individualiza as partes corporais, reconhece-as e integra-as no conjunto, o que torna possível a separação do seu ser físico do das outras pessoas, dos objetos e do ambiente que a rodeia. Além disso, também é necessário que haja a apropriação da imagem de si, refletida no espelho ou presente nas fotografias, isto é, da representação do eu.

A conquista da consciência de si, contudo, depende também da gênese da consciência social (Tran-Thong, 1983, v. 1, p. 209). Para que a criança consiga se perceber como uma personalidade diferenciada é preciso que ela supere a sociabilidade sincrética na qual está imersa. A superação deste sincretismo da pessoa percorre um longo caminho, marcado pela oposição e negação do outro.

Aos 3 anos ocorre uma verdadeira revolução nas relações da criança com o ambiente. Desaparecem os diálogos consigo mesma, nos quais assumia alternadamente diferentes pontos de vista. Ela passa a adotar "uma concepção exclusiva e unilateral, a sua, ou seja, a de uma personalidade particular e constante, possuindo perspectiva própria e distribuindo os outros em relação a si" (Wallon, 1971, p. 245). Isto só pode ocorrer quando ela não mais se mistura ou se perde naquilo que é percebido, conseguindo distinguir tudo que não é ela, dissociando nas suas experiências o eu e o não eu.

Neste período a criança consegue perceber-se não "como um entre seus semelhantes, mas enquadrada num conjunto, conjunto que tem para ela grande importância, porque esse conjunto delimita a sua personalidade, realmente o centro de interesses, de sentimentos, de exigências, de decepções que são resultado do lugar ocupado por ela na constelação familiar" (Wallon, 1975b, p. 209). Porém, ela só é capaz de tomar consciência da estrutura familiar, estrutura essa que determina a sua existência, porque toma consciência da sua autonomia.

A afirmação do eu se dá primeiramente por uma oposição sistemática e inteiramente negativa, o confronto com o outro tendo por fim experienciar sua autonomia. Neste momento, a criança preza a vitória pela vitória. A comparação de si com as outras pessoas a faz exigente para com as mesmas, o que poderá significar total subserviência aos que admira e repúdio aos demais. Tal comparação faz também com que ela só se aproxime daqueles sobre os quais pode exercer domínio. Tenta em todas as situações exercer a sua superioridade. Sabe, porém, que em algumas relações é necessário o intercâmbio com o outro.

Para experienciar o poder da sua personalidade tenta dominar as pessoas que a cercam, exigindo que lhe dispensem exclusividade. Pode cometer erros intencionalmente para chamar a atenção sobre si. Assume duplicidade em suas atitudes para conquistar o que deseja, ou seja, astutamente finge interesse por algo diferente daquilo que realmente pretende conseguir. Portanto, é capaz de "subordinar o provável ao possível", tendo grande prazer em "fazer de conta".

A esse personalismo negativo sucede um outro mais positivo, muitas vezes denominado a "idade da graça", que se manifesta por volta dos quatro anos. Neste período há uma transformação nos movimentos da criança, que parece querer executá-los com a máxima perfeição. "É como se fossem executados por si próprios e, com efeito, a criança parece prestar-lhe muitas vezes muito mais atenção do que ao que lhes deu origem, ocasião ou pretexto exterior" (Wallon, s.d., p. 211). Há uma grande preocupação consigo mesma e agradar a si significa agradar aos outros e admirar-se significa ser admirada, já que a diferenciação eu-outro não está totalmente resolvida. Está ciente de que a uma ação sua pode corresponder uma ação do outro e que a opinião deste outro pode ser diferente da sua. Assim, a "idade da graça é também a da timidez" (Wallon, s.d., p. 211). Isto ocorre porque a criança ainda é suscetível de se contagiar pela presença do outro — assim, o olhar de outra pessoa faz com que ela observe a si mesma.

A preocupação em se afirmar e se mostrar leva a um outro período, que aparece por volta dos cinco anos, e cuja característica é a imitação. A imitação é "tanto desejo de substituir como admiração amorosa" (Wallon, s.d., p. 212). Posteriormente prevalecerá uma ou outra dessas dimensões.

O imitar, o fazer de conta (representar), a duplicidade nas intenções e a relativa liberdade que a criança adquire em relação ao concreto e imediato, tornam-se possíveis graças à sua evolução mental. Ela está em plena etapa simbólica e a aquisição desta função auxilia seu processo de construção do eu, permitindo a representação de si. Isto também pode ser percebido pelo uso que passa a fazer dos pronomes; até então fazia referência a si pelo próprio nome ou apelido, falava na terceira pessoa, ou seja, tratava a si como o faziam as outras pessoas. A partir dos 3 anos consolida-se o uso dos pronomes na primeira pessoa; ganham relevância o EU e o MEU.

Este é um período extremamente importante na constituição da personalidade. Não é o único, nem o que nele se passa permanece inalterado pelas experiências futuras; no entanto, o que for nele vivenciado pode ser extremamente marcante. Este é o período em que se torna possível contrair grandes paixões, cuja intensidade e angústias irão depender "das vantagens que a pessoa pretende atribuir-se e do sentimento que tem de si própria" (Wallon, s.d., p. 211).

Já no período que vai dos 6 aos 11 anos (estágio categorial) a contribuição para o desenvolvimento do eu é menor, pois a criança está mais voltada para a exploração e conhecimento do mundo exterior. As aquisições cognitivas deste período, porém, serão incorporadas pela pessoa e auxiliarão na sua ampliação e enriquecimento. O processo para a construção de uma autonomia cada vez maior é continuado.

Com a puberdade aparecem os caracteres secundários do sexo e as alterações psíquicas que surgem provocam a desorientação do indivíduo com relação a ele próprio, tanto física quanto moralmente; ou seja, desorientação em relação a si e a seu meio. Trata-se de um período de crise simétrico ao dos 3 anos, pois se inicia por uma oposição, agora não mais em relação às pessoas, mas às suas ideias e hábitos. A construção do eu retorna ao primeiro plano.

Ao contrário da criança pequena, ao adolescente não interessa a imitação, mas a distinção em relação ao adulto. O que busca é a transformação, não o conformismo. Reconhece-se como "personalidade polivalente", isto é, como ser capaz de participar de vários grupos, podendo realizar diferentes atividades e assumir diversos papéis, sabendo que pode, inclusive, transformar os grupos dos quais participa.

A escola se prepara para receber as crianças

Como bem pudemos ver, a primeira referência da criança para a delimitação de sua pessoa é a família. Ao ingressar na pré-escola ela passa a fazer parte de outro contexto social, que também serve de referência para a construção da sua pessoa. O ingresso neste novo contexto, todavia, não se dá de forma tranquila.

As pessoas que trabalham na pré-escola sabem que a chegada das crianças geralmente é acompanhada de situações incômodas como crises de choro e recusa em permanecer na escola. Neste sentido, tomam algumas medidas que visam basicamente diminuir os transtornos causados com a chegada dos novos alunos. O objetivo é adequar a criança o mais rápido possível às regras da escola. A adaptação é vista aqui como um processo unilateral, em que a escola age para ajustar a criança, e não um processo que implica também a sua transformação.

Na escola pesquisada, o primeiro passo para receber as crianças foi a realização de uma reunião, no primeiro dia de aula. O intuito desta reunião era apresentar as normas da escola e a forma de trabalho da professora, o que se fez expondo-se uma série de recomendações que deveriam ser seguidas pelos pais.

A preparação para a chegada das crianças não se restringiu, contudo, a essa reunião, tendo o restante da primeira semana também sido organizado com este intuito. O primeiro dia foi reservado às crianças de 1º estágio; no segundo dia tiveram aula 1º e 2º estágios e nos terceiro e quarto dias todos os três estágios. A intenção era tornar mais tranquilo o ingresso das crianças mais novas, aquelas que geralmente vinham pela primeira vez à escola, principalmente as de 1º estágio, dado que um menor número de alunos permitiria que se tivesse um maior controle sobre eles e que se contornasse com mais facilidade as possíveis situações de resistência à escola e as crises de choro.

O horário desta primeira semana de aula também foi organizado tendo em vista o processo de adaptação. O 1º estágio teve, durante os quatro primeiros dias, somente duas horas de aula. O segundo estágio teve, durante seus três primeiros dias, dois dias com duas horas de duração e um com horário normal, ou seja, quatro horas. O terceiro estágio teve somente dois dias de aula, um deles com duas horas e o outro com quatro.

O processo de ingresso na escola[1]

No primeiro dia de aula as crianças do 1º estágio chegaram apreensivas, os pais deixaram-nas na fila e elas permaneceram aí praticamente imóveis. A tensão era perfeitamente visível nos rostos contraídos. Uma criança da outra classe começou a chorar e várias outras a acompanharam.

A ocorrência do choro era muito comum. Ela se deu com mais intensidade nos dois primeiros dias, passando depois disso a aparecer apenas em momentos específicos como à entrada na escola, próximo à saída e em algumas situações como, por exemplo, quando a criança era solicitada a realizar alguma atividade que julgava não ser capaz de realizar, ou quando se via diante de um lanche que não queria. Mesmo

1. As análises apresentadas a seguir foram feitas a partir de observações em sala de aula e registros em vídeo. Reproduzimos, aqui, apenas pequenos trechos do material utilizado em nossa dissertação.

nos dias em que a presença do choro foi maior, isto ocorreu de forma intermitente, ou seja, a criança que chorava não o fazia ininterruptamente: chorava, parava em alguns momentos e voltava a chorar, diversas vezes durante o dia. O artifício geralmente utilizado pela professora para contê-lo era alegar inexistência de razões para a sua ocorrência.

1º dia de aula

7:11h — A professora conversa na porta da sala com a mãe de Juliano, que se recusa a entrar na sala. A mãe, que o segura no colo, entrega-o à professora. Ele chora copiosamente. A professora entra com o menino no colo e o coloca na frente da sala. Ele vai até o balcão e fica olhando pela janela. A professora dá início às atividades, recolhendo o material trazido pela classe. Jéssica, que já está sentada como todas as outras crianças, também chora muito desde a entrada. O choro está alto, dificultando a comunicação da professora com o restante da turma. Mesmo assim, ela procura não dar atenção às crianças que choram.

7:14h — Juliano já não chora tanto; encosta-se na porta e passa a mão na fechadura, sem tentar abri-la. A professora vai até ele, leva-o pela mão para uma mesa do outro lado da sala. Ele volta a chorar com mais intensidade.

A professora tenta em vão falar com a classe. O choro das duas crianças é mais alto que o tom da sua voz. Deixando transparecer uma certa irritação, ela diz: "Agora se dois continuarem chorando desse jeito... Psii. Eu vou contar agora até três. Um. Dois. Três. Vou ficar nervosa se continuar esses dois chorando desse jeito. Aí vocês vão ter motivo pra chorar (Juliano, em pé ao lado da mesa, passa as mãos pelos olhos, como se quisesse secá-los). Neste momento não se ouve mais choro. A professora então continua: "Tem motivo pra chorar aqui nessa escola?" Ela mesma responde, fazendo coro com algumas crianças: "Não! Tem motivo pra ficar bravo e nervoso? (novamente, com algumas crianças) Não!" Aproveitando esta pausa momentânea, a professora tenta dar continuidade às atividades do dia.

7:24h — A professora começa a distribuir folhas, enquanto explica a atividade. Jéssica e Juliano já não choram, mantêm-se nas mesmas posições de minutos atrás. O clima na sala está menos tenso. Quando vai distribuir as folhas na mesa de Juliano e Jéssica a professora tenta fazer com que este sente corretamente. Ele começa a chorar. Assim que a professora deixa a sua mesa ele volta a encostar a cadeira na lousa e sentar com os pés sobre ela; a única diferença é que agora segura a folha que lhe foi entregue.

8h — A professora pede a Juliano que pinte o desenho de uma tartaruga. Ele diz que está cansado. Logo a seguir ela recolhe os desenhos. Leva a classe para o banheiro e, depois, para o lanche. Durante o lanche Juliano não chora, mas também não quer comer nada. Jéssica também não chora mais, e assim permanecem até irem embora, às 9h.

Este clima de tensão emocional permeou os primeiros dias de aula. A preocupação da professora, contudo, era com o estabelecimento da rotina a ser seguida pela classe. Isto era muito difícil, pois as crianças estavam extremamente subjetivadas devido ao seu estado emocional, não se envolviam nem com o ambiente, nem com as pessoas, nem mesmo com seus pares. Em sua maioria, elas passavam a maior parte do tempo quietas, apreensivas, fazendo da carteira um refúgio ao qual se prendiam.

A dificuldade para a realização das atividades, até as mais corriqueiras, parecia também estar ligada a uma incompreensão das solicitações feitas. Estas solicitações eram sempre coletivas, isto é, a professora se referia ao grupo todo e as crianças, quase sempre, não se percebiam como parte dele. Para que uma atividade fosse realizada, era preciso que a professora se dirigisse a cada criança em particular, dizendo-lhe o que fazer, com o que gastava mais tempo ainda para realizar aquelas atividades. Isto se dava porque a professora partia do princípio de que devia fazer com que todas as crianças agissem da mesma forma durante todo tempo, e a isto tentava persuadi-las através do discurso.

2º dia de aula

7:15h — A professora chama as crianças para o meio da sala. A grande maioria não atende. Ela vai de mesa em mesa tentando fazer com que todos se levantem, ao mesmo tempo em que procura arrumar os que estão em pé, um ao lado do outro, formando uma roda, e dizendo: "Aqui. Aqui. Não sai do lugar que a tia colocou. Vem (faz sinal com a mão em direção à uma mesa). Todo mundo (vai em direção à outra mesa). Vem cá, vocês duas. Vamos levantar? Vem!"

7:18h — A professora diz: "Que pena, não, que tem gente que não quer. Por que que não quer? Vem aqui! Quem tiver aqui no chão vai ganhar uma coisa que a tia vai dar agora. Quem não tiver não vai poder ganhar".

7:19h — A professora ainda insiste com aqueles que se recusam. Pega Alexandra pela mão, consegue convencê-la a se sentar; tenta com Everton, sem sucesso. Apesar de toda insistência, cinco crianças não se rendem às solicitações da professora e se mantêm nos seus lugares.

Era preciso que a criança deixasse de se perceber enquanto eu individual para poder seguir mais prontamente as solicitações, o que parecia difícil para muitas delas. Isto significava enquadrar-se em categorias que a princípio não estavam claras para todos, como pertencer à mesa X ou Y, ou só meninas ou só meninos etc. Também implicava subordinar as vontades pessoais, que só podiam ser realizadas de acordo com o que era permitido para o grupo todo, como ir ao banheiro, beber água ou comer o lanche.

Além disso, todo o material era guardado pela professora e usado de forma coletiva. Os objetos de uso pessoal, que a criança trazia todos os dias em sua sacola, inclusive toalha e copo, só estavam disponíveis para ela quando a professora o permitia, e assim mesmo por tempo bastante limitado. A recomendação era pegar, usar e guardar logo a seguir. Porém, era comum ver as crianças se dedicarem por um longo tempo, quando a professora não estava por perto, a arrumar suas coisas: dobrando meticulosamente a toalha; secando o copo; guardando e retirando várias vezes as coisas da sacola, desarrumando-a e arrumando-a novamente.

Os trabalhos realizados em sala de aula não eram entregues no mesmo dia em que se produziam. A professora, geralmente, guardava tudo o que era feito para entregar aos pais no dia da reunião de pais, o que podia demorar um mês ou mais para ocorrer. Nos primeiros dias de aula era comum as crianças tentarem levar o que faziam para casa, o que lhes era proibido. Eram também desestimuladas a mostrar aquilo que faziam, apesar de demonstrarem grande interesse em ter a aprovação da professora para suas obras; isto aconteceu com maior regularidade depois das primeiras semanas de aula, quando a inibição para efetuar as atividades deixou de prevalecer.

A professora se preocupava em atender às demandas individuais dos alunos apenas quando ligadas às atividades escolares. De tempos em tempos, ela procurava acompanhar cada criança individualmente na realização de alguma tarefa específica, bem como elaborar tarefas complementares para aquelas que demonstravam um maior aproveitamento. Estas tarefas, que muitas vezes eram levadas para serem realizadas em casa, consistiam principalmente em exercícios de escrita e começaram a ser propostas, mais regularmente, no segundo semestre.

O trabalho pedagógico não estava centrado na criança, mas na professora, que devia controlar tudo que acontecia na sala. Sempre ela tomava para si todos os afazeres, enquanto as crianças eram chamadas muito pouco a auxiliá-la. Ocupava a maior parte do tempo dizendo-lhes o que deveriam fazer e como. Toda atividade era, assim, precedida por uma série de recomendações, fosse sobre a atividade em si, fosse sobre o material a ser utilizado.

Algumas das recomendações mais comuns eram com relação: 1. ao uso do *lápis de cor*: usar um de cada vez; colocar no pote depois de usá-lo; não colocar na boca; pegar somente o que fosse ser usado; 2. *massa de modelar*: não bater; amassar; não misturar as de cores diferentes; 3. *lanche*: ficar em fila; pegar o lanche e ir sentar; esperar sem comer até rezar e cantar; comer de boca fechada; comer em cima do guardanapo; não deixar cair sujeira no chão; ao terminar de comer, fechar o guardanapo e jogar no lixo; 4. *parque*: não ir onde estiver molhado; não empurrar; não sujar o tênis; não sujar as mãos; não sujar as roupas; não jogar areia nos colegas; formar fila quando ouvir a professora bater palmas; 5. *atividade em papel sulfite*: não amassar; não sujar; não dobrar; mostrar e/ou entregar para a professora somente quando esta pedir; 6. *saída*: levantar para ir à porta só quando a professora chamar.

Nas primeiras semanas de aula as crianças passavam grande parte do tempo esperando sem fazer nada enquanto a professora explicava a atividade, dando todas as recomendações sobre como esta deveria ser feita e como o material deveria ser usado e também esperavam enquanto a professora distribuía, para cada mesa, tudo o que seria utilizado na realização da atividade. A rotina na sala, nesse período, acabava sendo a seguinte: esperar na fila, durante a entrada coletiva; ir para a sala e cantar a música de entrada; esperar a professora recolher o material escolar ou de higiene (e tudo o mais que pudesse ter sido solicitado anteriormente); ouvir explicações sobre a atividade a ser desenvolvida no dia; ir ao banheiro; lanche; parque; realizar a atividade; brincar com os brinquedos da classe ou com a massa de modelar; cantar enquanto esperavam a hora de ir embora.

O tempo de espera ao qual as crianças eram submetidas só diminuiu quando elas foram se descobrindo, e as interações criança-criança passaram a fazer o tempo de espera ser ocupado pelas conversas e brincadeiras. No princípio estas interações ocorriam graças à proximidade física entre elas. Na sala, os primeiros contatos se iniciavam com o parceiro sentado ao lado. O lanche, porém, era o momento mais rico para estes encontros, pois todas as crianças sentavam-se numa mesma mesa, ampliando as possibilidades de interação, a qual podia se dar com os parceiros dos lados e da frente.

O parque era o local onde as crianças ficavam mais à vontade, mesmo nos primeiros dias de aula. Tinham espaço para percorrer e objetos sobre os quais agir com liberdade. Aí começavam a descobrir parceiros por afinidades, construindo brincadeiras conjuntas, dividindo os brinquedos.

As primeiras interações porém não ocorriam sem conflitos. Havia muitas brigas, e o parque era o palco da grande maioria delas. Temos que considerar que as crianças encontravam-se numa situação pouco confortável emocionalmente, ficando sob tensão grande parte do dia. Quando chegavam num local onde se sentiam mais à vontade era natural que procurassem extravasar um pouco de toda esta tensão. Mas havia também outra espécie de conflito, decorrente das tentativas de contato entre as crianças. Cada novo parceiro exigia regulações que não ocorriam de imediato. Neste processo de descoberta do outro e tentativa de aproximação aconteciam muitos desacertos até que se descobrisse a melhor forma de interação. Estes conflitos diminuíam à medida que se formavam grupos com componentes mais estáveis, o que não impedia de todo o aparecimento de novos conflitos e brigas entre as crianças.

O aumento das interações parecia propiciar uma identidade coletiva, auxiliando as crianças a darem conta mais prontamente das exigências escolares; elas começavam a perceber no outro o que deviam fazer e passavam a se guiar não só pelo que a professora dizia, mas pelo que viam seus companheiros fazerem, sendo também comum algumas indicarem para as outras o que deveria ser feito.

Na segunda semana de aula William, que sempre demora para entender o que deve ser feito, percebe as crianças que estão próximas à sua mesa guardando as toalhas, vai e faz a mesma coisa.

Natali, na segunda semana de aula, ao perceber Bianca com a toalha, vai até ela e manda-a guardar.

Em algumas situações as crianças demonstravam ainda se misturar muito umas às outras, parecendo pouco individualizadas. Se a professora falava com uma criança específica, por exemplo, tentando saber se um agasalho encontrado era o seu, muitas outras acabavam respondendo em seu lugar, por mais que a professora insistisse que estava querendo saber particularmente daquela criança. Outro fato bastante comum era uma criança pedir para beber água e isso desencadear pedidos por parte de muitas outras. Estas situações eram extremamente corriqueiras e diminuíram ao longo do ano, embora de vez em quando ainda ocorressem.

Passadas as primeiras semanas, o clima da sala de aula já estava bem mais tranquilo, com as crianças se mostrando mais à vontade e reabrindo com certa rapidez as atividades de rotina: guardar as sacolas quando chegavam na sala; levantar para pegar toalha e papel higiênico quando a professora avisava que era hora de ir ao banheiro; pôr-se em fila sempre que solicitadas a deixar a sala etc.

Parecia mais difícil, contudo, atenderem outras exigências, como, por exemplo, pegar o lanche e esperar para comer. Por mais que a professora insistisse que as crianças só podiam começar a comer depois de todos estarem com o lanche, cantarem e fazerem a "oração", era comum que começassem a comer assim que recebiam o lanche. Isto acabava tendo como resultado constantes reprovações por parte da professora. A partir do segundo mês a maioria das crianças já conseguia ter o lanche à sua frente sem o comer. Algumas, enquanto esperavam, se distraíam com ele: enfileiravam os copos, empilhavam as bolachas, arrumavam-nas em fila, ou colocavam uma em cada canto do guardanapo etc. Outra exigência muito difícil de as crianças obedecerem era a permanência em ordem na fila. Mesmo sendo feitas várias vezes ao dia, as filas eram sempre palco de brincadeiras: empurrar o colega da frente, deixar-se cair no que vinha atrás, tentar passar na frente, ficar por último.

Nos primeiros dias de aula, as crianças também não conseguiam manter-se sempre nos mesmos lugares, como a professora exigia. Apenas cinco crianças, desde o primeiro dia, pareciam ter feito da mesa um ponto de referência na sala de aula; sempre que chegavam iam para o mesmo lugar e se desconcertavam quando isso não era possível. No terceiro dia de aula, a professora resolveu estabelecer um lugar para cada criança, o que não foi possível. Em princípio, as mesas eram ocupadas aleatoriamente, sendo que havia tantas mudanças de lugares quantas vezes se retornava à sala; isto gerava frequentes conflitos entre os que disputavam o mesmo lugar, ocupado pouco antes por uma das crianças.

Depois que as crianças começaram a descobrir parceiros pelos quais tinham maior afinidade, passavam a tentar sentar próximos a eles. Como o parque era o momento privilegiado para a descoberta desses parceiros, a volta do recreio representava alterações nas composições das mesas. Depois dos primeiros meses as crianças aprenderam que deviam permanecer na mesma mesa por um dia inteiro de aula. Como as parcerias já estavam mais consolidadas, a apropriação de uma mesa por uma delas tornava-se relativamente definitiva, ocorrendo poucas alterações daí para frente. A professora tentava montar as mesas colocando sempre duas meninas e dois meninos; depois de um certo tempo os pares estruturados eram quase sempre os mesmos. Mas toda vez que era possível, as crianças procuravam compor mesas exclusivas, isto é, só de meninas ou só de meninos, o que geralmente levava a professora a interferir. Às vezes, estas composições se alteravam no decorrer do dia, quando a professora transferia as crianças de lugar devido a seu comportamento (quando conversavam muito, por exemplo).

Cabe lembrar que nos primeiros dias a classe permanecia em silêncio, com as crianças imóveis e este seu comportamento era sempre elogiado pela professora, que no entanto, dificilmente conseguia fazê-las realizar atividades específicas. Ela se incomodava com a demora das crianças em entenderem e cumprirem o que era solicitado. Então, por sua vez, manifestavam expressões de tédio, bocejando ou deitando-se sobre as mesas.

Quando as interações entre as crianças começaram a ocorrer com mais intensidade, tornou-se difícil para a professora mantê-las quietas, generalizando-se as sanções para se obter maior controle sobre a classe. Assim, só deixava as crianças irem ao parque se ficassem quietas; retardava a saída da sala ou o início de uma atividade enquanto não se calavam etc.

Nos primeiros dias, a professora era quem mais falava, não só porque passava grande parte do tempo expondo o que seria feito e dando as recomendações de como o fazer, conforme dissemos, mas também porque conversava com a classe como um todo. Na maioria absoluta das vezes, ela fazia as perguntas e ela mesma as respondia. Ou quando perguntava algo para a classe já indicava a resposta, demonstrando pela entonação, gestos e mímica facial se a resposta devia ser afirmativa ou negativa. Quando as crianças respondiam o oposto do que ela queria, repetia a pergunta indicando sua reprovação à resposta anterior. Com o passar dos meses o monólogo foi sendo substituído pelo diálogo: a professora perguntava e as crianças respondiam em coro, na maioria das vezes a resposta que era esperada.

O clima de camaradagem entre a professora e as crianças, e destas entre si, passou a ser preponderante no final do primeiro semestre. Percebia-se claramente que as crianças já não se sentiam inseguras em se recusar a comer um lanche; eram mais consultadas sobre o que fazer no dia; cobravam promessas feitas pela professora; envolviam-se sem grandes restrições nas mais diferentes atividades; em suma, estavam mais à vontade para participar e tentar impor suas vontades.

A professora, por sua vez, demonstrava conhecer um pouco mais as crianças com as quais trabalhava, respeitava suas diferenças, apesar de continuar voltada sobretudo para o coletivo. Algumas vezes confiava demasiadamente em seus julgamentos e cometia erros. Era comum atribuir uma briga a uma criança, que não fora quem a iniciara; chamar mais a atenção de algumas por causa do tom elevado de conversa, quando quase toda a classe estava falando; responsabilizar alguém pelo estrago de um material, quando isso ocorrera acidentalmente etc. O pior era que, respaldada pelo que supunha conhecer da criança, a professora conseguia ser tão enfática, que essa muitas vezes assumia ter feito o que não fizera.

Outra prática comum era usar determinadas crianças como exemplo para as demais. Um comportamento desejado fazia com que alguém fosse elogiado para a classe toda e exibido como modelo a ser imitado. Não se valorizava o comportamento em si, mas aquele que o realizou, como se fosse mérito exclusivo seu. Além disso, a adoção de comportamentos desejados era o critério por excelência para a professora escolher aqueles que seriam seus "ajudantes" — crianças chamadas a auxiliá-la, principalmente na distribuição de material ou arrumação da sala.

Esta atitude, ao meu ver, gerava um clima de disputa entre as crianças, que sempre queriam ser chamadas a ajudar; tanto que, quando a professora mencionava que iria escolher seus ajudantes, iniciava-se uma gritaria frenética: "eu... eu... eu". A escolha da professora, todavia, recaía quase sempre sobre as mesmas crianças, particularmente sobre aquelas que realizavam com mais facilidade as tarefas escolares.

Cabe aqui lembrar que o trabalho desenvolvido nos primeiros meses de aula teve como eixo o EU. Este trabalho envolveu o estudo do esquema corporal, a composição familiar, a escrita do nome e tudo o que pudesse estar diretamente ligado à vida da criança. A preocupação era trabalhar com coisas que a criança já conhecia: portanto, trabalhar um conteúdo "mais concreto".

Como o trabalho pedagógico não contava com definições coletivas, a professora planejava e organizava sozinha as atividades de sala de aula. As instruções que recebia eram vagas e geralmente se referiam ao que não podia ser feito, pondo-a em dúvida sobre a procedência de suas propostas. Além disso, ela tinha de considerar as imposições da diretora, as quais implicavam uso limitado do material coletivo e do espaço.

A construção do eu na pré-escola

Na perspectiva walloniana, quando a criança ingressa na pré-escola, por volta dos 4 anos de idade, está em franco processo de constituição do eu, que pode ter como características a oposição sistemática frente ao outro, a busca da sua admiração ou a sua imitação.

No caso das crianças observadas, elas estavam, na sua grande maioria, saindo de uma situação cuja única referência para a delimitação de sua pessoa era a família, o que transformava a escola num segundo espaço de referência para esta construção. Contudo, a configuração espacial da escola e as atividades aí desenvolvidas pareciam favorecer um obscurecimento do eu mais do que a sua constituição.

Se pensarmos que as crianças nessa faixa etária estão voltando a atenção para si; que a presença do outro as faz observar a si mesmas, e que isto é acompanhado sempre de um certo constrangimento, como admitir o uso coletivo de banheiros que sequer possuem portas, e onde, portanto, não se tem a menor privacidade?

Outro fato que devemos considerar é o uso coletivo de todo material escolar, o que faz com que a criança tenha muito pouco para dizer: *meu*. Não queremos dizer que ela não deva aprender a partilhar, usar conjuntamente; mas, para que ela possa aprender a dividir, necessita saber o que lhe pertence e o que não lhe pertence. Acontece que todo material é, genericamente, da escola. Como não pertence a ninguém, a única pessoa que pode determinar o seu uso, conjunto ou não, é a professora, mediadora entre a "escola" e as crianças. Até os objetos pessoais estão muito pouco à disposição e também dependem de autorização para serem manipulados; corre-se o risco, inclusive, de a professora, que sempre retira qualquer objeto alheio ao que deve ser usado, os tomar.

É preciso lembrar também que, num momento em que a criança precisa exatamente de experiências que lhe permitam diferenciar-se dos outros, o tratamento que recebe na sala de aula volta-se sempre para enquadrá-la num conjunto. A professora pouco se dirige a cada criança individualmente, a não ser no início do ano letivo quando elas não conseguem assimilar que fazem parte de um coletivo. As atividades e os objetos são sempre iguais para todos, de modo que todos devem fazer sempre a mesma coisa ao mesmo tempo, inclusive ir ao banheiro, beber água, tomar lanche. A satisfação das necessidades físicas deve submeter-se a ocorrer em momentos comuns, ou seja, impessoais, o que implica espera para alguns e antecipação para outros.

Esta visão de que é preciso introduzir a criança em situações coletivas pressupõe a ideia de uma criança egocentrada e, portanto, não socializada. Na perspectiva que adotamos, ao contrário, é preciso que a criança saia da sociabilidade sincrética em que se encontra para que possa se perceber como personalidade diferenciada, sem o que não pode se perceber como parte de um grupo. A configuração do eu requer a diferenciação do outro. É neste processo de fusão — diferenciação — que a criança aprende sobre si e sobre o mundo. A "elaboração do eu e do outro por parte da consciência faz-se simultaneamente. São dois termos conexos cujas variações são complementares e as diferenciações recíprocas" (Wallon, 1975a, p. 159).

A perspectiva adotada pela professora não era a do fortalecimento do eu, mas a do conformismo deste às suas exigências. Os elogios apareciam para confirmar o enquadramento do indivíduo, não a sua diferenciação. Neste caso, o ajudante de classe era o modelo de aluno no qual todos deveriam se transformar. Responder em coro, demonstrando assentimento a todas as regras, era a aprendizagem que se esperava alcançar.

A criança nunca recebia o produto do que fazia no mesmo dia. Aquilo que podia lhe dar uma dimensão do seu eu, a sua objetivação nos trabalhos realizados, era guardado e entregue quando podia já não ter a mesma importância que a do momento de sua realização. A professora poderia, sim, guardar algumas produções, como forma de apresentar à criança sua evolução nas tarefas escolares. Porém, a devolução do que a criança fazia, no mesmo dia em que o fazia, deveria também ser outra prática, constante, pois a criança poderia ter sempre em mãos uma referência da sua pessoa, bem como levar para casa o produto diário do seu trabalho, para ser partilhado com a família.

Ao mesmo tempo que se via expropriada de tudo o que era seu, a criança não era chamada a se apropriar da escola, deixando as marcas na sua configuração através de trabalhos, arrumação do espaço ou organização da rotina. O espaço era vazio, impessoal. Tudo era feito para a criança, não pela criança. Raramente ela agia de forma autônoma, sendo sua ação geralmente vista como perturbadora da tranquilidade. A organização da rotina visava impor formas de ação que incomodassem o menos possível a suposta tranquilidade da escola, sendo que as filas eram seu instrumento privilegiado. Assim, a criança acabava tendo de ficar a maior parte do tempo "à espera": esperava para poder ir para a classe, esperava enquanto a professora explicava a atividade, esperava enquanto ela distribuía o material, esperava a hora de ir ao banheiro e de beber água, esperava para receber o lanche, esperava para poder comê-lo, esperava ser autorizada a brincar no parque, ficava esperando sem brincar se fosse pivô de alguma briga e esperava dar a hora de ir embora.

É preciso lembrar ainda a pouca disposição da professora para ver os trabalhos das crianças quando elas o queriam mostrar, sempre determinando que aguardassem ser chamadas, o que ocorria ao final da atividade, quando ela já estava mais preocupada em guardar as produções do que em apreciá-las. A nosso ver, isto representava falta grave, num momento em que a admiração do outro é extremamente importante para a visão que se tem de si mesmo. Assim, não se atendia a uma necessidade fundamental da criança, que precisava e esperava a aprovação daquilo que fazia.

Não queremos com essas observações culpabilizar as professoras, responsáveis diretas pelo fazer na sala de aula. Elas também são vítimas neste processo. Não há empenho para uma formação técnica e teórica que lhes permita repensar a sua prática. A equipe técnica (coordenador, diretor etc.), que teria por função auxiliá-las, exige que elas deem conta de seu trabalho de forma a causar o mínimo de transtorno para a escola. Transformar o fazer cotidiano sem ter com quem contar e ser constantemente cobrado por uma atuação que não interfira com o andamento geral da escola são exigências conflitantes que inviabilizam as tentativas de transformação da prática adotada. Obrigadas sempre a se conformar, as professoras acabam, muitas vezes, exigindo também conformismo das crianças.

Acolher adequadamente a criança exige que se tenha um trabalho coletivo, em que todos se empenhem em organizar o espaço e a estrutura da escola, visando atender às necessidades infantis. Como bem pudemos ver, as crianças dessa faixa etária estão num estágio de desenvolvimento cuja tarefa principal é a construção do eu. Neste sentido, a rotina escolar deve favorecer o conhecimento de si nas dimensões física, afetiva e cognitiva, sendo necessário que cada criança possa se perceber como personalidade diferenciada. Não basta colocar o conhecimento do Eu como conteúdo programático: é preciso que seja respeitada a individualidade de cada criança. Fazer com que todos os alunos realizem as mesmas ações, durante todo tempo, não é o melhor caminho para isto. É preciso que cada um deles tenha a possibilidade de se opor, de se negar a fazer e de escolher o que fazer, não devendo ser sempre forçado a se conformar com as exigências que lhe são feitas.

Uma prática em que a rotina esteja baseada na participação ativa da criança também é útil para poupar o trabalho da professora. Organizar o espaço e dispor os objetos de modo que todo material necessário esteja ao alcance das crianças, que devem ser chamadas a arrumá-los e mantê-los em ordem, diminui consideravelmente o tempo de espera aos quais são submetidas, bem como minimiza a quantidade de tarefas a serem desenvolvidas pela professora.

Organizar o espaço escolar para receber as crianças poderia também ser um meio para minimizar os transtornos causados pela tensão emocional dos primeiros dias. O primeiro passo seria tornar o espaço mais agradável e convidativo, bastando para tanto enfeitar a sala de aula e deixar brinquedos e outros objetos disponíveis à exploração. O clima ficaria menos tenso e seria possível uma maior participação nas atividades se se procurasse aguçar a percepção das crianças, atraindo sua atenção para fora de si, tirando-as do subjetivismo. Outra medida seria trabalhar menos com a expectativa diante das atividades, substituindo-se as antecipações verbais sobre elas pela sua realização. Permitir a experimentação livre do material, antes da exigência do seu uso regrado, também serviria para diminuir o medo dos novos alunos diante das tarefas escolares.

Para finalizar, é preciso reiterar que a adaptação escolar é um processo que vai exigir tanto a transformação da criança, que busca adequar-se a essa nova realidade social, quanto da pré-escola, que precisa se preparar para recebê-la. Mudar a forma como a criança tem sido acolhida na pré-escola implica uma transformação na maneira como ela tem sido concebida. Ela deve deixar de ser vista somente como ser pensante, o que tem feito com que o centro do fazer pedagógico seja ou a professora, capaz de lhe propiciar o acesso ao conhecimento, ou a aprendizagem, isto é, o processo para a sua aquisição. Ela deve ser concebida como ser completo, o que vale dizer, ser psicomotor, social e afetivo, mas também ser em processo de constituição da sua pessoa. Transformar a prática só é possível mediante a reflexão coletiva do fazer cotidiano e da apropriação crítica da teoria. Neste sentido, investir na transformação da prática pressupõe investir na formação do professor, e transformar a prática adotada significa atender mais prontamente as necessidades infantis, bem como tornar menos cansativo e mais prazeroso o trabalho do professor.

Referências bibliográficas

DANTAS, Heloysa. *A infância da razão.* São Paulo: Manole Dois, 1990.

______ et al. *Piaget, Vygotsky, Wallon*: teorias psicogenéticas em discussão. São Paulo: Summus, 1992.

DANTAS, Pedro da Silva. *Para conhecer Wallon.* São Paulo: Brasiliense, 1983.

LE BOUCH, J. *O desenvolvimento psicomotor*: do nascimento até 6 anos. A psicocinética na idade pré-escolar. Porto Alegre: Artes Médicas, 1982.

OLIVEIRA, Z. R. M. *Jogo de papéis*: uma perspectiva para a análise do desenvolvimento humano. Tese (Doutoramento) — Instituto de Psicologia, USP, São Paulo, 1988.

PEREIRA, M. Izabel Galvão G. *O espaço do movimento.* Investigação no cotidiano de uma pré-escola à luz da teoria de Henri Wallon. Dissertação (Mestrado) — FE-USP, São Paulo, 1992.

TRAN-THONG. *Estádios e conceito de estádios no desenvolvimento da criança na psicologia contemporânea*. Porto: Afrontamento, 1983 [1967]. v. 1 e 2.

WALLON, H. *As origens do caráter na criança.* São Paulo: Difel, 1971 [1934].

WALLON, H. *A evolução psicológica da criança*. Rio de Janeiros: Andes, s/d [1941].

______. *Objetivos e métodos da psicologia*. Lisboa: Estampa, 1975a.

______. *Psicologia e educação da infância*. Lisboa: Estampa, 1975b.

______. *Do acto ao pensamento*. Lisboa: Moraes, 1979 [1942].

______. O papel do outro na consciência do eu. In: WEREBE, M. J. G.; NADEL-BRULFERT, J. *Henri Wallon* (Antologia). São Paulo: Ática, 1985a.

______. A atividade proprioplástica. In: WEREBE, M. J. G.; NADEL-BRULFERT, J. *Henri Wallon* (Antologia). São Paulo: Ática, 1985b.

______. *As origens do pensamento na criança*. São Paulo: Manole, 1989.

AO SABOR DOS TÍTULOS: uma releitura linguístico--discursiva da noção de coerência

*Eduardo Calil**

Há um segredo nas palavras quando juntas.

Jean-Claude Lauzon

Isabel: "Todinho! Três todinhos. Um era de chocolate, outro chamava chocolate, um chamava morango e o ter... chamava creme, tá?!.. Daí... como chama? Os... todinhos... tá? Os três todinhos. Daí... eles tavam passiando passiando... eles só conversavam conversavam conversavam e um dia veio uma... daí a mãe deles não gostava que eles só ficavam conversando, né? porque..."

Nara: "... era a to-do-na... de... era de creme, de morango e de chocolate."

* Doutor pelo Instituto de Estudos da Linguagem da Unicamp, é professor da Universidade Federal de Alagoas.

Isabel: "... era os doces... *(gesticulando e mostrando no seu rosto onde ficavam os sabores)...* uma aqui, uma aqui, uma aqui, tá? Daí, ééééé......"

Nara: "... ela chamava todina... *(tentando inventar um nome)...* chilcoo... morran... rreeme..."

Isabel: "não, fala assim... ela chamava... todona com... todos os... não! Todos os sabores... os... todos os sabores."

Nara: "... os sabores..."

Isabel: "... assim ó... é... os três porquinhos ou todos os... as todas... as todas saborrr..."

Nara: "... os três... *(rindo)* nãão. Os trêês... todinhos... e a todona..."

Isabel: "... e a todona..."

Nara: "Não. E a..."

Isabel: "... e a todona de todos os sabores..."

Nara: "... sabores..."

Este é o fragmento de uma situação em que Isabel e Nara estão escrevendo uma "história inventada". Isabel tem 7 anos e 1 mês e sua amiga Nara tem 6 anos e 5 meses. As duas frequentam o último ano de uma pré-escola particular da cidade de São Paulo que desenvolve uma prática pedagógica construtivista.[1]

Ao ler este pequeno trecho da conversa — que foi registrada em vídeo — entre as duas meninas, você pode estar pensando (talvez porque o título deste trabalho sugere isso): como duas crianças tão pequenas vão conseguir escrever uma história com coerência?

Pensando sobre esta possível questão e para tentar respondê-la, vale a pena refletir sobre o que exatamente estamos

1. Esta situação faz parte de uma extensa coleta de dados em que se acompanhou, através de filmagens mensais, estas duas crianças durante dois anos.

entendendo por "coerência", uma palavra que vem sendo usada com bastante frequência por educadores e pesquisadores ao analisarem os textos que uma criança escreve.

1. Delimitações iniciais

Muitos estudos sobre a produção de texto têm procurado chamar a atenção para a noção de "coerência" — cuja definição está longe de ser comum aos diferentes pesquisadores —, discutindo os fatores linguísticos, cognitivos, pragmáticos e sociais que interferem na produção do dito "texto-coerente".

Os pesquisadores geralmente tomam como objeto de análise o produto textual (o texto concluído) para tentar entender as relações coesivas e de coerência aí presentes, concentrando sua análise sobre as marcas linguísticas que possam apontar para, o modo como elas se articulam, produzindo ou não a coerência textual.

Os trabalhos em linguística textual (Charolles, 1978; Brown e Yule, 1983; Koch e Travaglia, 1989, entre outros) afirmam que a coerência está relacionada ao sentido que se estabelece em um texto. Esse sentido é construído pelos "usuários da língua", mediante fatores cognitivos, situações de fala e intenções comunicativas.

O processo de produção textual, visto segundo essa abordagem teórica, assume

> a existência de um sujeito planejador/organizador (entidade psico-físico-social) que, em sua inter-relação com outros sujeitos, vai construir um texto, sob a influência de um complexo

> de fatores, entre os quais a especificidade da situação, o jogo das imagens recíprocas, as crenças, convicções, atitudes, os conhecimentos partilhados, as expectativas mútuas, as normas e convenções sociais. Isto significa que a construção do "objeto-texto" exige a realização de uma série de ações cognitivo-discursivas dos sujeitos no sentido de dotá-lo de certos elementos, propriedades ou marcas que, em seu inter-relacionamento, são responsáveis pela produção do sentido (Koch, 1993, p. 65).

A noção de sujeito em jogo nesta citação é representativa dos estudos dessa área. O "sujeito" é alguém que planeja e organiza seu texto por meio da ativação de diferentes estratégias cognitivas, do conhecimento das normas sociais e também de fatores pragmáticos ligados à situação comunicacional.

Dessa perspectiva, tal sujeito é capaz de, diante de um texto, colocar em funcionamento os chamados mecanismos de coesão e de coerência e suas relações com os diversos aspectos apontados, pela escolha de palavras mais adequadas e precisas para expressar aquilo que está pensando ou as informações que seu interlocutor talvez não compartilhe. Diante disso, à linguagem fica reservado o lugar de instrumento de comunicação, cujo funcionamento o sujeito pode dominar e controlar.

Vários estudos que se propõem a discutir o desenvolvimento de linguagem escrita (Bastos, 1985; Koch, 1987; Kato, 1988; Jolibert, 1994) adotam, em linhas gerais, um referencial teórico semelhante, procurando mostrar as estratégias que a criança constrói ao produzir seu texto. De certa forma, partem do princípio de que a criança vai se apropriando da linguagem, de suas funções e seus usos, enriquecendo suas estratégias, tornando-se cada vez mais autônoma diante de seu texto e consciente do "leitor virtual" ou "pressuposto". Daí, progressivamente, ir passando a produzir textos com uma coerência cada vez maior.

Mas, será que a relação do sujeito com a linguagem é tão progressiva e linear como parecem defender estes estudos? Será que a linguagem não exerce, de alguma forma, efeitos sobre aquele que escreve, fazendo-o movimentar-se pelo/no texto? Se este movimento acontece, quais relações estariam possibilitando a configuração de um "texto-coerente"? O que produziria a coerência para aquele que está escrevendo?

Estas perguntas colocam em discussão não somente o que a linguística textual e áreas afins têm refletido sobre a relação sujeito/linguagem, mas também aquilo que tão frequentemente tem se chamado "coerência textual".

De um ponto de vista linguístico-discursivo e do estabelecimento de algumas noções que possam ajudar a localizar o lugar de onde estou falando, pretendo fazer uma releitura da noção de "coerência" através da análise do processo de produção de textos em uma situação de sala de aula.

2. Delineando o quadro teórico

Em primeiro lugar, é preciso abandonar a ideia de que o processo de desenvolvimento de linguagem (escrita) na criança estabelece-se com base em categorias da língua já constituída, tendo a linguagem adulta como sistema de referência. Essa ideia está pressuposta na maioria dos estudos sobre aquisição e desenvolvimento de linguagem.[2]

---

2. A elaboração de uma crítica centrada neste aspecto pode ser encontrada nos trabalhos de Claudia Lemos (1982, 1986, 1991).

A análise que apresentarei partiu da ideia de que além da atuação do sujeito sobre o texto, existe também um efeito da linguagem sobre esse sujeito, havendo um movimento de mútua constituição. Desta forma, a aparente "coerência" que um texto produz é um dos lugares que poderia indiciar este movimento.

Do ponto de vista aqui assumido, no processo de produção de texto deve-se considerar tanto as direções do sujeito sobre o texto, quanto os efeitos do escrito (dito) sobre o próprio sujeito, produzindo diferentes posições discursivas e indicando a impossibilidade de se prever de antemão os caminhos daquilo que se vai escrever.

Essas movimentações são marcadas por tensões entre sujeito e sentido que colocam em xeque a ideia de linearidade e homogeneidade que o texto final normalmente produz. Daí a necessidade de se passar a entender o processo de produção de texto não mais como a *atividade* de um indivíduo que opera com e sobre a linguagem, mas sim como uma prática — determinada sócio-historicamente — relacionada ao modo como os textos são produzidos e que pressupõe um movimento da linguagem sobre aquele que escreve.

Estes movimentos entre aquele que produz o texto e o texto produzido está sendo denominado "prática de textualização" (Calil, 1995).

Para entender melhor esta relação entre o sujeito e o sentido, é preciso recorrer ao quadro teórico formulado pela análise do discurso de linha francesa. Segundo Pêcheux (1975), o efeito de transparência do sujeito e do sentido está relacionado à noção de "esquecimento".[3] O sujeito tem a

3. Para o aprofundamento da noção de "esquecimento" ver Pêcheux (1975).

ilusão de ser responsável pelo seu discurso, *esquecendo-se* de que todo enunciado, para que tenha um sentido, está inscrito em uma formação discursiva e não em outra. Também se *esquece* de que o sentido está determinado no processo histórico de sua constituição e que, ao dizer algo, outras possibilidades de significação (o não dito) são apagadas.

Na realidade, as formações discursivas estariam determinadas pelo interdiscurso que atravessa qualquer enunciado. O interdiscurso é o lugar do *já dito* "antes, em outro lugar e independentemente" (Pêcheux, 1975, p. 162). Há uma relação entre esses enunciados e sua exterioridade, isto é, as condições de produção, que devem incluir tanto fatores da situação imediata, como os fatores do contexto sócio-histórico em que determinadas palavras ganham sentidos.

Para Pêcheux, o interdiscurso se opera através da memória discursiva que está fora da consciência daquele que fala ou escreve. Esse modo de funcionamento do interdiscurso é definido como "efeito de pré-construído". O interdiscurso e o pré-construído vão ser marcados através do "intradiscurso" que põe em conexão os elementos do "já dito".

Segundo o autor, o intradiscurso,

> enquanto "fio do discurso" do sujeito, é, a rigor, um efeito do interdiscurso sobre si mesmo, uma "interioridade" inteiramente determinado como tal "do exterior" (Idem, p. 167).

Essa relação do interdiscurso no intradiscurso é operada pelo "efeito-sujeito" que a simularia através da *unidade imaginária* do sujeito. Os elementos do interdiscurso seriam reinscritos no discurso do próprio sujeito (intradiscurso), determinados pelas formações discursivas que o assujeita (Pêcheux, 1975, p. 163).

Nessas articulações parece haver uma espécie de ordenação que pressupõe nas formações discursivas aí inscritas uma tensão entre aquilo que é da ordem da memória discursiva e aquilo que é da ordem do "novo".

Com base neste referencial teórico, Orlandi (1988) procura refletir sobre a relação do sujeito com o texto produzido em situação escolar. Para a autora, há um princípio geral que rege a "função-autor", válido e necessário para qualquer discurso, já que "a própria unidade do texto é efeito discursivo que deriva do princípio de autoria" (Orlandi e Guimarães, 1987). Segundo estes autores, sempre se procura atribuir uma provável autoria a qualquer tipo de texto.

Desse lugar, a "função-autor" é a "função que o 'eu' assume enquanto produtor de linguagem" (Orlandi, 1988, p. 77) e é a que está mais determinada pelas regras das instituições e condições de produção. Com isso, Orlandi está querendo dizer que a função-autor se instaura na medida em que o produtor de linguagem assume a "origem" daquilo que diz/escreve e estabelece *subjetiva* e *ilusoriamente* a unidade, coerência, não contradição e fim de um texto.

Ao estabelecer essa definição, a autora propõe um sujeito que se representa no lugar de autor e que, assim, produz *ilusoriamente* tanto uma unidade e organização materializada no texto, quanto um *efeito* de continuidade e completude do próprio sujeito.

Se numa perspectiva linguístico-discursiva, o processo de produção de texto só pode ser entendido na relação do sujeito com a linguagem, a posição de autor e suas vinculações às determinações institucionais ou às exigências de "coerência" só podem ser consideradas se se tomar os efeitos dessa relação sobre aquele que assume esse "lugar social" de produtor de linguagem.

Nesse sentido, o texto é visto tanto como uma dispersão do sujeito nas posições discursivas mobilizadas através da linguagem, quanto como um lugar de produção de unidade. Parece legítimo assumir que essas posições e os sentidos colocados em jogo nas práticas de textualização se relacionam com o sujeito, uma vez que se supõe uma determinação histórica. Daí a necessidade de se reler a noção de "coerência" como um "efeito de unidade".

Para Orlandi (1993) a relação entre autor e interpretação fica determinada pela historicidade ou memória do dizer. Aqui está em jogo, no processo de formulação do dito, as condições de produção do dizer marcadas pelas formações imaginárias.[4]

Do que decorre, vale perguntar: de que forma pode ser constituído o efeito de unidade no texto através dos lugares de interpretação mobilizados nas práticas de textualização? Quais as marcas presentes nos textos ou no processo discursivo que podem servir de índices para os movimentos do sujeito e a produção da unidade do texto?

Ainda é preciso dizer que o efeito de unidade seria produzido pela tensão entre a abertura e o fechamento promovida pela relação entre sujeito e linguagem. Essa tensão pode ser melhor explicada nas palavras de Lemos (1992, p. XIII):

> Cada elemento, não importa sua extensão ou composição, abre um espaço para muitos sentidos/direções, subordinando assim o que a ele se segue e deixando-se ao mesmo tempo subordinar por ele que, ao mesmo tempo em que restringe esse espaço aberto, abre outras direções.

4. Durante a análise de dados retomarei a discussão a respeito destes conceitos.

De alguma forma, esses deslocamentos, possibilitados através de um processo de interpretação, se refletem em posições discursivas que não são fixas e não advêm simplesmente da cristalização de práticas sociais, mas são mobilizadas na medida em que o interdiscurso se dá como movimento, como deriva de unidades abertas a uma ressignificação (Pêcheux, 1983) e que pressupõe um processo de determinação.

Para discutir o que está sendo chamado de "efeito de unidade", não tomarei um texto pronto como objeto de análise, mas farei a análise de algumas passagens do episódio no qual se insere o fragmento apresentado no início deste trabalho.

3. "Um nome de homem num nome de mulher...": alguns movimentos que produzem a unidade

Como já disse, Isabel e Nara estão em uma pré-escola que tem uma prática pedagógica que se diferencia de propostas tradicionais. De acordo com esta prática, a professora frequentemente propõe às crianças, previamente agrupadas e organizadas conforme o conhecimento que detém sobre elas, situações de produção de texto. Isabel e Nara estão dentro da sala de aula, onde há mais dez duplas. Todas as duplas devem escrever uma "história inventada". A professora pede que as crianças combinem a história e depois que já estiverem combinado, comecem a escrevê-la. A filmadora está fixa em um tripé, enquadrando as duas crianças. O pesquisador está no fundo da sala de aula.

No exemplo em discussão, Isabel e Nara estão escrevendo uma história cujo título final acaba sendo "OS TREIS

TODINHOS E A DONA SABOR". Resumidamente, esta história narra a aventura de "três Todinhos" com sabores de chocolate, morango e creme. Esses personagens falavam e cantavam o tempo todo, deixando a mãe ("Dona Sabor") muito triste. De repente surgiu uma fada/feiticeiro que fez uma mágica e, ao dar "um toquinho a mais", emudeceu-os. Depois o feiticeiro volta e conserta seu erro.

O que parece saltar aos olhos nesta história é a filiação de diferentes textos remetendo a um discurso que circula através de enunciados logicamente estabilizados. Aqui, a história (o texto) produzida é a cristalização destes movimentos. É o cruzamento entre um texto publicitário há pouco tempo apresentado na TV (propaganda do "Toddy/Todinho"), a história dos três porquinhos, personagens de contos de fada (feiticeiro/fada), discursos sobre as relações familiares (mãe/filhos, seus nomes etc.).

É preciso dizer que esses textos são produtos de um processo de filiação histórica e não podem ser tomados em sua empiricidade, ou seja, somente no fato de as crianças terem assistido TV e visto a propaganda do achocolatado "Toddy", ou ainda terem ouvido a história dos três porquinhos contada pela professora no dia anterior e, por causa disso, terem resolvido dar os nomes deles aos personagens de sua história. Estes textos estão filiados a uma memória do dizer (interdiscurso) que circula em determinadas condições de produção. Neste caso, a propaganda, o conto de fada, as relações mãe/filho fazem parte de um universo possível de enunciados que tecem e produzem sentidos na medida em que são postos em funcionamento e se congelam neste processo discursivo.

Em seguida, apresentarei alguns momentos da discussão das duas crianças acerca da história que estão combinando e, principalmente, do título que querem dar, concentrando a análise sobre o nome do personagem (Dona Sabor).

Com isto, espero trazer à discussão a relação entre aquele que escreve e aquilo que estou chamando "efeito de unidade". Pretendo com isto mostrar um modo de funcionamento relacionado àquele que escreve que parece não poder prescindir dos efeitos de sentido que abrem lugares para a interpretação. Como foi dito, esses efeitos emergem nesta prática de textualização e relacionam-se às filiações históricas que atravessam as condições de produção do dizer.

Fragmento 1[5]

[1]*Isabel:* "Todinho! Três todinhos. Um era de chocolate, outro chamava chocolate, um chamava morango e o ter... chamava creme, tá?!.. Daí... como chama? Os... todinhos... tá? Os três todinhos. Daí... eles tavam passiando passiando... eles só conversavam conversavam conversavam e um dia veio uma... daí a mãe deles não gostava que eles só ficavam conversando, né? porque..."

[2]*Nara:* "... era a to-do-na... de... era de creme, de morango e de chocolate."

[3]*Isabel:* "... era os doces... (*gesticulando e mostrando no seu rosto onde ficavam os sabores*)... uma aqui, uma aqui, uma aqui, tá? Daí, ééééé...."

[4]*Nara:* "... ela chamava todina... (*tentando inventar um nome*)... chilcoo... morran... rreeme..."

[5]*Isabel:* "não, fala assim... ela chamava... todona com... todos os... não! Todos os sabores... os... todos os sabores."

5. O índice colocado do lado esquerdo do nome da criança corresponde ao turno assumido no fragmento analisado.

[6]*Nara*: "... os sabores..."

[7]*Isabel*: "... assim ó... é... os três porquinhos ou todos os... as todas... as todas saborrr..."

[8]*Nara*: "... os três... (*rindo*) nããão. Os trêês... todinhos... e a todona..."

[9]*Isabel*: "... e a todona..."

[10]*Nara*: "Não. E a..."

[11]*Isabel*: "... e a todona de todos os sabores..."

[12]*Nara*: "... sabores..."

Neste momento surgem dois aspectos absolutamente inter-relacionados. O primeiro é a caracterização da personagem "mãe" e o segundo é a tentativa de dar um título à história.

Aqui já se pode começar a estabelecer algumas considerações acerca do "efeito de unidade". Antes, é preciso chamar a atenção para o enunciado de Isabel: "um *era* de chocolate, outro *chamava* chocolate e o ter... chamava creme, tá?!". Há aí uma mudança que parece oscilar entre a possibilidade de se referir a uma característica ou propriedade de algo "ser" de um jeito ou de outro — marcado por "um *era* de" — e a possibilidade de transformar isto em personagem e, portanto, fazer parte da história.

A substituição do verbo "ser" por "chamar" não é sem importância, pois parece estar relacionada ao fato de se estar escrevendo uma "história" e, por isso mesmo, fazer parte de um modo de dizer que se impõe ao sujeito. Neste processo já há um deslocamento que aponta para uma mudança de posição discursiva, e que é efeito da própria interpretação do já dito.

Quando Isabel substitui o termo "era" por "chamava" coloca os personagens dentro de um "universo ficcional" apropriado para a escrita de "histórias inventadas". Aqui já se pode supor um certo "efeito de unidade" que se caracteriza pelo retorno do termo "era", através de um processo de interpretação, sobre o sujeito. Este processo de interpretação parece estar mais relacionado ao efeito que "era" produz, nestas condições de produção, do que a um "saber" consciente determinando o sentido mais adequado.

Pensar a relação do título com a caracterização dos personagens, inclusive do personagem "mãe", é fundamental. Logo em [2]Nara este personagem é denominado de "Todona", provavelmente em oposição a seus filhos "Todinhos". Mas ainda continuam tentando outros nomes como "Todona" ([4]Nara), "Todona com todos os sabores" ([5]Isabel) e "Todona *de* todos os sabores" ([11]Isabel).

Há uma espécie de formação discursiva relativa ao modo como as pessoas devem ou podem ser chamadas, na qual se articulam as relações entre o nome de uma mãe e o nome de seus filhos.

Conforme Pêcheux (1975, p. 160), os discursos são governados por "formações ideológicas". As formações ideológicas comportam, como um de seus componentes, uma ou mais formações discursivas interligadas. Essas formações determinam o que pode e deve ser dito a partir de uma posição numa conjuntura social dada. O fato de estas crianças estarem em uma escola particular, que mantém como prática pedagógica, entre outras, a intensa leitura de contos de fada e várias propostas de reescrita, pode não ser alheio ao que as crianças dizem para escrever suas histórias.

Se essas possibilidades do dizer são determinadas ideologicamente, o sentido necessariamente encontra-se aí vinculado. As formações discursivas estão ligadas ao processo de interpretação que atribui sentidos fixos às palavras, como parece indicar o fato de Isabel não admitir que "saborosa" possa ser nome de personagem, como discutirei posteriormente.

Contudo, apesar de haver uma determinação ideológica operando sobre a possibilidade do dizer, parece ser necessário considerar também que, na situação analisada, os entrelaçamentos das formações discursivas, seus deslocamentos e talvez até mesmo suas rupturas, estão de alguma forma sujeitos às relações entre as palavras e os efeitos de sentido produzidos.

Para Orlandi (1994), as formações discursivas determinariam posições marcadas por regiões de confronto de sentidos ("sítios de significância"), em constante processo de reconfiguração. Essas regiões teriam um caráter estrutural, vazio de conteúdo e de sentidos prévios, mas, ao se estabelecerem, através de processos de interpretação, determinariam as relações de sentidos. Nesta mesma direção, Orlandi procura esvaziar uma visão conteudística que possa determinar os sentidos dos enunciados que se inscrevem em certas formações discursivas, tornando-as "regiões fechadas e estabilizadas" (1994, p. 10).

Esses "sítios de significância" (gestos de interpretação) estão marcados pelas tensões ou confrontos de sentidos e posições discursivas.

Voltando à questão da presença de uma certa formação discursiva em que os nomes dados à mãe ganham sentidos, é interessante observar a relação desta com seus filhos.

Em primeiro lugar, surge "Todona" que funcionaria como um superlativo de "Toddy" ou "Todinhos". A transformação de "Tod*ona*" para "Tod*ina*" e, mais tarde, para

"Tod*inha*" poderia também ser considerada um processo de nomeação de pessoas. Neste processo estão em jogo alguns importantes aspectos. "Todona" e "Todinha" estariam relacionados a regras de formação lexical nas quais se acrescenta aos nomes de pessoas sufixos como "ona" (Fernandona, Marcelona) e "inha" (Fernandinha, Marcelinha) produzindo sentidos opostos.

Além disso, a formação de "Tod+ina" pode ser referida a terminações regulares que se encontram em vários nomes próprios: Geraldina, Catarina, Joaquina, Marcelina.

Já o aparecimento de "com" e sua substituição por "de" aproxima-se, por um lado, do mesmo processo apontado na substituição de "era" por "chamava" e, por outro, das regras de formação de nomes próprios completos.

Talvez se possa dizer que "com" ainda seja "resquício" da articulação com o termo "Toody", ou seja, esteja vinculado a enunciados do tipo: "o Toody era *com* morango, *com* chocolate, *com* creme". Entre outras coisas, parece que o fato do "Toody" ser um *personagem,* "Todinha", exige a substituição de "era" por "chamava" e de "com" por "de". Há uma articulação entre essas palavras que impõe interpretação. Interpretação que dá aquilo que Orlandi (1990) chamou de "sentimento de unidade" e "desejo de completude".

Se se tomar um certo modo de funcionamento das regras que permitem a formação de nomes completos de pessoas, dificilmente haverá alguém que tenha como elemento de ligação entre nome e sobrenome a preposição "com". Entretanto, o mesmo não pode ser dito em relação ao "de": "Fulano *de* x", "sicrano *de* y" etc.

Estes processos de nomeação seriam índices do "efeito de unidade" (imaginária) do texto escrito por estas crianças, já que a mãe deve ser maior que os filhos ou ser composta por partes deles ou ainda, o inverso: os filhos terem uma parte da mãe. Isto pode ser observado em [3]Isabel quando descreve "os doces" ou no que escreveu[6], como mostra a parte do texto transcrita a seguir.

> [...] A MÃE (TEM) O(S) SABORES CHOCOLATE
> MONAMGO E CREME E OS FILHOS
> E DE CHOCOLATE OS TREIS [...]

A mãe deve estar relacionada de alguma forma aos filhos: seja através da descrição física ou pelo fato do nome indicar que a mãe, "Todona", é "maior" que os "Todinhos", seja através da composição de nomes, como parece indiciar a tentativa de [4]Nara ao inventar um nome para a mãe formado a partir do nome dos filhos: "... chilcoo... morran... creme...", seja através daquilo que tem efeito de sobrenome "Todona de Todos os Sabores".

Nestas relações é preciso marcar uma ideia de origem ou filiação. Todas estas articulações parecem somente serem possíveis porque supõem um processo de identificação do sujeito às formações discursivas historicamente determinadas. Talvez se pudesse supor que neste processo de formação de nomes para os personagens esteja também colocado, através da relação mãe/filho, uma certa vinculação entre gerar/nascer: (do nome) da mãe "sai" (o nome d)o filho.

Seria ingênuo supor que algumas regras de formação lexical, como, por exemplo, "Tod+ina" ou "Tod+inha",

---

6. As palavras e letras entre parênteses não foram escritas pelas crianças, tendo sido colocadas para facilitar a leitura. A separação correta das palavras vai no mesmo sentido. O uso da letra maiúscula visa se aproximar do tipo de letra usada pelas crianças, isto é, letra de forma ou bastão.

garantam ou resolvam o problema de nomeação dos personagens, ou ainda prescindam de seu aspecto discursivo, supondo que sejam produtos do conhecimento da língua por parte do sujeito. Estes procedimentos, além de estarem ligados a certas regras de formação de nomes próprios, também parecem ser mobilizados pelas formações discursivas dadas. Explicando melhor, o fato de este processo de nomeação ser detonado a partir de relações familiares delimita um certo universo de articulações possíveis por meio das quais parece ser inadmissível que uma mãe não apresente alguma forma de vínculo com seus filhos. Talvez isto faça parte dos processos de determinação que afetam estas crianças. Daí a impossibilidade, apesar de ser uma formação de nome próprio legítima, de se chamar a mãe, por exemplo, de "Todinha".

O enunciado mais estranho no entanto é: "... ou todos os... *as* tod*as*... *as todas saborrr...*" ([7]Isabel). Por que será que há esta flexão? O que estaria incidindo sob o aspecto da marcação de gênero? Seria esse "erro", aparentemente ingênuo e sem maiores consequências, indício de uma relação mal resolvida para a criança entre a palavra "sabor" e suas possíveis concordâncias, ou melhor, entre o termo "sabor" e suas relações com outras palavras?

Não é só em relação à nomeação dos personagens que uma busca de "unidade" está sendo mobilizada: o título a ser dado à história também "exige coerência". Novamente, essa "exigência" (poderia se falar em determinação?) estaria diretamente relacionada aos efeitos de sentido produzidos nas articulações entre os termos e suas inscrições nas formações discursivas dadas. Porém, isso não parece afetar da mesma forma cada uma das crianças. Talvez, aí se possa supor que as relações entre os termos estejam operando a partir dos efeitos de interpretação que apontam para um processo de subjetivação.

Fragmento 2

[...]

(Isabel indicando o lugar em que deve ser escrito o título)

1 *Nara*: "... a gente escreve todinhos e uma mãe..."

2 *Isabel:* "... não. Os três todinhos... é qui, é qui... uma mãe?... só uma mãe?... tem qui se escrevê o nome da mãe."

3*Nara*: "... da mãe..."

4*Isabel:* "... senão aqui (*apontando o lugar do título*) fala uma mãe e aqui *(mostrando o espaço para escrever a história*) fala o nome dela?"

5*Nara*: "*(indicando o título*)... eu ponho aqui..."

6*Isabel:* "... então por que não põe aqui? *(indicando o alto da folha)* Entendeu?"

Por que será que 2Isabel diz "[...] tem qui se escrevê o nome da mãe"? Segundo o que ela tenta afirmar, não poderia haver no título algo sobre o qual o texto não se refere. Isto não seria outra coisa senão o "efeito de unidade" em jogo neste momento através do sentido produzido por "uma mãe" sobre a posição discursiva? Não haveria aí uma mobilização de uma posição discursiva de leitor? Processo semelhante não se opera quando se tenta dar um nome para um capítulo de um livro, um livro ou um artigo de jornal?

Não pode ser qualquer título, nem a mãe pode ser somente "mãe". Há uma necessidade, imposta por uma certa "norma textual", de se especificar qual/quem é esta mãe e definir um nome para ela, além de se estabelecer uma relação com seus filhos. Essa "norma", no entanto, não teria relação com um certo modo de funcionamento do que vem a ser texto? Esse funcionamento talvez possa ser um reflexo do "discurso pedagógico" sobre a escrita, da interação da criança com a família letrada, na medida em que poderia estar constituindo um imaginário sobre o que seja um texto.

Também é preciso dizer que a possibilidade de significação (do título, dos personagens etc.) está marcada por um movimento do próprio texto, isto é, a possibilidade de antecipação e retroação sobre aquilo que é dito que, ao mesmo tempo em que abre, fecha as possibilidades do dizer, como afirma Lemos (1992). O próprio texto também dá o efeito restritivo.

Há um movimento de contenção dos sentidos através de um processo de articulação entre os termos ditos. Neste caso, em que se estabelece a necessidade de uma articulação entre o título e o resto do texto, marcado no enunciado de Nara ([1]Nara) "A gente escreve todinhos e uma mãe" e contestado por Isabel ([2]Isabel) em "Os três todinhos... é qui, é qui... uma mãe?.. só uma mãe?...", também poderia ser interpretado a partir da indeterminação de "mãe" em relação aos seus filhos ("Todinhos").

"Uma mãe" pode ser qualquer uma, não necessariamente a "mãe dos Todinhos". É neste sentido que o dito volta-se sobre o próprio sujeito, exigindo a mobilização de posições discursivas e produzindo efeitos que têm a aparência de controle e de unidade, mas que indicam, ao contrário disto, seu submetimento e sua dispersão.

Esta dupla aparência se relaciona com uma ideia de unidade do texto, quando se supõe ser "incoerente" um título que não antecipe de que "mãe" irá tratar a história. Porém, esse "efeito de unidade" não se estabelece da mesma forma entre as duas crianças. Isso talvez se explique pelo modo como se dão os processos de identificação do sujeito nas formações discursivas mobilizadas.

No fragmento seguinte, a discussão sobre o título da história, a necessidade de se articular o nome do personagem "mãe" com o dos "filhos" e as normas do texto que "impõem" a unidade continuam a fazer efeito sobre as posições discursivas mobilizadas, criando incessantes deslocamentos e confrontações.

Fragmento 3

[...]

1*Nara: "(olhando Isabel escrever os treis) Os* três todinhos e... a saborosa."

2*Isabel:* "Eu nem... olha... eu nem comecei a escrever, Nara. Só escreveu 'os três'... só isto. 'Os três'."

3*Nara:* "Tá bom... tô falando que você pode escrevê."

4*Isabel*: "A saborosa? Só a saborosa?"

5*Nara: "... ééé..."*

6*Isabel:* "(*rindo*) A saborosa?... a saborosa... (*rindo*) O Sabor!"

7*Nara:* "(*concordando*) É, o sabor."

8*Isabel:* "Não. Por que não fala... a dona mãe saborosa?!... de todos os sabores (*olhando Nara e em seguida escrevendo*) Os três... too... diiii... nhoooos..."

Na discussão em torno do título e do nome do personagem "mãe", a denominação "a saborosa" não é suficiente para Isabel (4Isabel: "A saborosa?... Só a saborosa..."), mas parece ser para Nara, uma vez que sugere como título da história "OS TRÊS TODINHOS E A SABOROSA". Considerando a pergunta anterior sobre a necessidade de especificar melhor o personagem "mãe", a expressão "a saborosa" determinaria uma qualidade do personagem. Porém, para Isabel esta expressão provoca riso e a necessidade de substituí-la por outra: "o sabor". E por outra ainda ([8]Isabel) "a dona mãe saborosa?!... de todos os sabores", pois o personagem é uma mulher, mãe (de três Todinhos que têm sabores diferentes) e, como já apontei, a mãe (mito da origem) tem que conter as características de seus filhos. Talvez "dona" tenha surgido como uma forma de tratamento. No nome deste personagem há um congelamento de vários textos que circulam em um discurso.

Quando Nara, em outro momento diz: "A dona... a dona... to-di-nha..." e Isabel, rindo muito e debochando, responde "Eheheh... ela é mais pequena do que... ó... (*apontando o texto e rindo*)... os três todinhos e a dona todinha", indica também um outro lugar de tensão entre a unidade e a dispersão relacionado ao sentido e ao sujeito. "Todinha" traz o sentido de diminutivo e, na relação mãe-filho moldada através das formações discursivas em jogo, torna a história (texto) "incoerente". Impedir que o nome seja "Dona Todinha" é também uma forma de se manter a unidade (imaginária). Unidade que está sob a tensão da dispersão: a qualquer momento pode-se romper.

Este divertido enroscar-se nas palavras, e a sensação labiríntica, não seria outro indício dos *efeitos da linguagem* sobre as crianças? Ou, indo mais longe, não seria uma pista das articulações entre os movimentos da língua e os conflitos de ordem discursiva?

Isto, no entanto, ainda é pouco claro. Talvez um outro fator identificado no desenrolar desta discussão (fragmento 4), que se refere mais explicitamente ao gênero do personagem, possa fornecer novas pistas.

Fragmento 4

[...]

[1]*Isabel:* "(*escrevendo*)... to-di-nhos... (*lendo*)... os três... todinhos e a..."

[2]*Nara:* "... e a saborosa..."

[3]*Isabel:* "(*rindo*) ... e a saborosa?... e a saborosa, né? (*ironicamente*)... a gente come ela. E a dona sabor, ô. (*rindo*)"

[4]*Nara:* "... sabor é homem?"

[5]*Isabel:* "... saborosa?... saborosa?... É a do-na! Não é o do-no! É dona saboro-sa... não! Sabor! A dona sabor! (*riem*)"

[6]*Nara:* (*rindo*) "...sabor..."

[7]*Isabel:* "... um nome de mulher e um nome de homem."

[8]*Nara:* "Tá bom, vai... sabor... um nome de homem num nome de mulher."

[9]*Isabel:* "(*escrevendo*) ... e a dona..."

[10]*Nara:* "... saboroso."

[11]*Isabel*: "... saboro... não. Não é saboroso. Saboro-so."

[12]*Nara:* "... então... (*Isabel rindo e terminando de escrever o título da história "Os treis todinhos e a Dona Sabor"*.)"

Embora as crianças tenham concordado apenas momentaneamente com o nome do personagem/título da história, pois voltam a discordar e a discussão prossegue, este trecho é, sem dúvida, bastante significativo para se tentar entender o que move tal debate. Através desta análise, arrisco-me a levantar algumas hipóteses sobre o que está ocorrendo e apontar alguma interpretação plausível para as questões formuladas no início do trabalho.

Nara insiste na denominação "a saborosa" ([2]Nara) provavelmente por diversas razões. Uma pode ser devido ao fato de o personagem ser mulher ("mãe") e seu nome "*a* saboros*a*" responder à sistematicidade da língua, isto é, às regras de concordância nominal. Mas talvez outro motivo possa estar relacionado ao termo "dona", que havia surgido no fragmento anterior ([8]Isabel), e que parece exercer efeito sobre Nara. Esse efeito encontra-se refletido na sua pergunta "... sabor é homem?" ([4]Nara). Pois, se for "homem", como pode ser escrito junto de "dona", que é "mulher"? Neste sentido, no nível do sintagma, seria mais "coerente" dizer "do*na* saboros*a*". Coerência minada, se se levar em conta as relações discursivas em jogo entre o termo "saborosa" e suas possíveis articulações.

Isabel está sob outro efeito do mesmo termo. Para ela, parece que "saborosa" pertence a um "domínio discursivo"[7] que não pode ser atualizado no nome do personagem "mãe". Ao falar ironicamente "... a gente come ela", Isabel estaria tentando dizer que "saborosa" é atribuído como "qualidade das coisas que se comem" e não a "pessoas" como "nomes".

Tal interpretação pode ser confirmada pelo que diz em momentos subsequentes respondendo, primeiro à insistência de Nara: "... Tá bom, saborosa... então, *a gente come ela?*". E depois ao pesquisador: "Ah, por que... *a gente come ela?* É por-

7. O termo "domínio discursivo", como tem sido pensado por Lemos (1992), tem um certo caráter temático, no qual determinadas palavras circulam em universos discursivos delimitados, como no caso, por "relações culinárias/alimentícias". Este *caráter temático* visa possibilitar uma diferenciação do que se está entendendo por "formações discursivas", isto é, por regiões de sentido que têm um caráter estrutural.

que ela tem vários sabores... tem... tem de chocolate, tem de creme e tem de morango. E... porque eles são... eles são... os todinhos são... os... de chocolate... mas só que a todinha é de..."

Apesar de a resposta de Isabel não ser muito precisa, tropeçando nas palavras para tentar explicar por que não pode ser "dona saborosa", sua "pergunta-resposta" presente nos dois momentos ("a gente come ela?") talvez possa ratificar a interpretação que fiz acima. Isabel, na verdade, resiste porque não admite a possibilidade de se "comer" o personagem, porque "saboroso(a)" é somente "aquilo que se come" (quando falei em domínio discursivo me referia exatamente a isso). Saborosa(o) remete àquilo que tem gosto, que é agradável, reconhecível como qualidade e particularidade de algo e, por isso mesmo, faz parte de uma outra região de sentidos.

Esta determinação do sentido de "saborosa" sobre Isabel parece atuar como um signo congelado, imóvel, dado no processo histórico que o constituiu. Mas, além de ela negar este nome para o personagem, outros fatores estariam atuando para este impedimento. Um destes fatores pode ser interpretado se se tomar como referência a formação discursiva na qual se insere as relações familiares.

O nome do personagem "mãe", que reúne os "sabores" de seus filhos, tem que ser genérico, neutro. "Sabor" é uma propriedade da mãe ("Toddy"/alimento) e dos seus filhos. Neste sentido, pode-se pensar que "sabor" funcionaria como uma espécie de sobrenome que preservaria algum tipo de relação entre a mãe e os filhos.

Além disso, não se poderia deixar de considerar que outras relações entre os termos estariam mobilizando outras formações discursivas, a saber, o fato de ser mãe e o pronome de tratamento "dona". Por que "desaparece" do título grafado a palavra "mãe"? Não poderia esta história chamar-se "OS

TREIS TODINHOS E A *MÃE* SABOR"? Esta substituição de "mãe" por "dona" não indicaria, de certo modo, uma relação entre "mãe" e um universo imaginário em que se insere a mãe/dona de casa? O nome "Dona Sabor" não estaria inscrevendo o personagem neste lugar, produzindo, assim, um efeito de unidade e eliminando, ao mesmo tempo, a redundância marcada no fragmento 3 em [8]Isabel: "Não. Por que não fala... a dona mãe saborosa?!... de todos os sabores"?

Porém, a força da articulação entre "dona" e "sabor" rompe, por um instante, o impedimento de Isabel. As relações gramaticais entre "dona" e "saborosa" parecem fazer com que ela se traia ao dizer ([5]Isabel) "... É a do-na! Não é o do-no! É do*na* saboro-*sa*... *não*. Sabor! A dona sabor!", no fragmento 4.

Esta escorregada de Isabel não indicaria a relação tensa e indissociável entre uma imposição da ordem da língua, na medida em que se faz a concordância entre "dona" e "saborosa", e algo que "fala além dela" do ponto de vista discursivo?

Por outro lado, a relação entre "dona" e "sabor" parece trazer dois paradoxos. O efeito produzido em Isabel por esta articulação permite supor, neste momento, duas categorias postas lado a lado ([7]Isabel): "... um nome de mulher e um nome de homem". Mas, para Nara, a articulação não é tão tranquila assim ([8]Nara): "Tá bom, vai... sabor... um nome de homem *num* nome de mulher". Isso poderia ser entendido como o nome do personagem "Dona Sabor" sendo o nome da mãe (mulher) e, ao mesmo tempo, contendo um nome de homem: "Sabor". Efeito aparentemente contraditório.

Como já foi dito, as formações discursivas produzem o efeito de transparência do sujeito e do sentido. Daí a ilusão (necessária) de que Isabel ou Nara sejam os sujeitos responsáveis de seu discurso, de seu texto, na qual se *esquecem* de que todo enunciado, para que tenha *um* sentido, está inscrito em uma formação discursiva e não em outra (processos de identificação).

Esses processos de identificação, de acordo com a perspectiva teórica assumida, seriam aquilo que produz no sujeito a unidade. Isso não significa que haja um fechamento do sujeito em formações discursivas dadas. Os processos se dão na relação entre as formações possíveis, mas o "sujeito tem um espaço possível de singularidade nos desvãos que constituem os limites contraditórios das formações discursivas diferentes" (Orlandi, 1992, p. 92).

No processo de "escolha" do nome do personagem "Dona Sabor" também se poderia assinalar uma relação entre "sabor" e "saborosa". O que há da sistematicidade da língua presente nesta relação? Será que o fato de a língua funcionar sistematicamente, ou o fato de uma palavra chamar outra, não estaria mais fortemente determinado pelo que de "sabor" há em "saborosa" do que na concordância de gênero (feminino) entre "do*na*" e "saboro*sa*"? Seria "sabor" um termo cristalizado justamente devido às restrições discursivas impostas nestas condições de produção?

Após Isabel ter escrito o título, ela o lê para Nara, que ainda não se mostra convencida de sua adequação.

Fragmento 5

1*Isabel:* "(*lendo*) Os três todinhos..."

2*Nara:* "... é... a tá! O Todinho... o Todinho Fêmea... com três sabores..."

3*Isabel:* "Ah não, Nara! Por que não faz a dona Sabor? Qui qui tem? A dona Sabor. Não é gozado. Que... (*começando a rir*)... a dona Sabor... (*rindo ainda mais*)"

4*Nara:* "*(rindo muito)* A dona Sabor..."

A possibilidade de se juntar um nome de homem e um nome de mulher parece permitir a Nara, neste outro momento, a diferenciação da característica sexual (macho ou fêmea) comum a alguns nomes de animais. Ao manter o nome do personagem "Todinho" e acrescentar outro qualificativo ("fêmea"), dá-se conta somente da diferenciação sexual, apagando a relação entre "mãe" e "filho" e, portanto, mobilizando outra formação discursiva. Não é à toa que Isabel "não escuta" esta possibilidade.

Quando [3]Isabel diz "[...] Qui qui tem? A dona Sabor. Não é gozado. Que..." e logo em seguida começa a rir, juntamente com Nara, seria um índice de que na relação entre "dona" e "sabor" há um certo "estranhamento". Neste "estranhamento" está contido tanto um movimento de fechamento para uma certa direção do que se diz ou se escreve quanto um movimento de abertura para a entrada de outros termos como "saborosa". E aí se teria uma outra história.

4. Fechando o texto?

A contenda entre as duas crianças é ilusória. Elas se debatem com a linguagem que se impõe. Com aquilo que ela tem de inusitado, de insólito. Com seus termos e suas articulações, às vezes engraçadas e surpreendentes, como mostra o riso das crianças.

Elas são capturadas[8] de formas diferentes. E, por isso mesmo, o efeito de unidade não está relacionado com o con-

---

8. A noção de "captura" tem sido discutida por Lemos (em preparação). Aqui, este conceito está sendo entendido como um movimento de textos que tomam o sujeito e sobre o qual não há possibilidade de controle.

trole ou a autonomia do sujeito sobre a linguagem (seus meandros e becos obscuros) nem à "situação de comunicação", ou ao conhecimento partilhado com o interlocutor, como supõe a noção de coerência proposta pela linguística textual, mas justamente com o movimento inverso de assujeitamento à própria linguagem, àquilo que as palavras carregam em suas possibilidades históricas e simbólicas.

É preciso esclarecer que a ideia de assujeitamento se opõe à ideia de controle de sentidos. Ou seja, o controle é uma ilusão. Mas é justamente este assujeitamento que produz resistência, subversão, deslocamento, ruptura e, portanto, subjetivação.

Essa noção encerra em si um paradoxo. O paradoxo da liberdade, da vontade e da determinação: "o indivíduo é determinado, mas, para agir, ele deve ter a ilusão de ser livre mesmo quando se submete" (Haroche, 1983, p. 178). Porém, há um espaço para o deslocamento. Esse movimento de assujeitamento não deve ser entendido de forma absoluta, senão se teria o eterno movimento de reprodução. O paradoxo dessa noção traz justamente a possibilidade de ruptura. É porque se está assujeitado que se pode romper. Em outras palavras, é do repetível (já dito) que advém o deslocamento para o inesperado. Uma parte desses movimentos é o que tentei mostrar através desta análise.

Ainda é preciso dizer que a marca do " já dito" (da historicidade) no dito, do dizível no dizer, mostra que o sentido não nasce no contexto interacional, nem no texto (na história escrita), nem nas crianças que "combinam" a história, mas nas relações entre os textos e suas articulações com as formações discursivas. Ao serem relacionados, produzem outros sentidos.

O processo de nomeação também não deve ser considerado apenas uma questão de nomear o personagem, mas sim uma questão discursiva muito mais ampla e complexa que coloca em xeque a própria noção de coerência no sentido, como defendida nos estudos criticados. A coerência não é dada previamente, nem aleatoriamente, nem institucional mente, assim como não está articulada às experiências vividas e armazenadas na memória (Van Dijk e Kintsch, 1983; Schank e Abelson, 1977).

Neste processo, como se procurou mostrar através do diálogo das crianças, o efeito de unidade *filia-se historicamente aos sentidos.* Não se está falando aqui da relação com um leitor virtual (interlocutor), mas sim do próprio sujeito afetado por diferentes posições e pelo espaço da inteligibilidade preso ao interdiscurso — os sentidos têm que se filiar ao interdiscurso, à historicidade. Em outras palavras, apresentar-se como " já dito".

É na articulação entre já dito e o dito (não dito), entre o conjunto do dizível, do interpretável e as condições de produção do dizer que se dá a busca pela concretude daquilo que se diz.

O texto escrito é o congelamento destes conflitos. Nesse produto apaga-se, em parte, o processo de produção, cria-se a ilusão do sujeito controlador dos sentidos e das formas da língua e rompe-se a relação do "autor" com a linguagem (escrita), produzindo-se um efeito de homogeneidade, de unidade na dispersão que não é outra coisa senão um efeito da própria escrita.

Isto provoca outras indagações. Um texto nunca tem fim? Sempre pode ser diferente? Um título colocado após o texto produzido pode ressignificar tudo que até o momento foi escrito?

Se isso for pertinente ao que se está analisando, pode-se dizer, na mesma linha que vem sendo investigado pela análise do discurso de linha francesa, que o texto é um efeito: efeito de unidade, de conclusividade, de fim materializado graficamente. Ele produz a ilusão de concretude e conclusividade, de imutabilidade e fixidez, de controle, autonomia e responsabilidade.

Se os movimentos "dispersivos" do sujeito estão, de certo modo, "presos" aos efeitos de sentido produzidos no texto, pode-se afirmar que há um movimento inverso constitutivo dessa relação. O texto captura o sujeito. Daí se considerar que, na "prática de textualização", sujeito e sentido estão se constituindo mutuamente. Esta forma de olhar para esta relação dá uma outra dimensão para a noção de coerência.

O tratamento dado à noção de coerência e à relação criança/texto abre novas possibilidades de se pensar a questão da produção de texto e, principalmente, o trabalho de intervenção do professor. Mas o desvendamento destas possibilidades já é uma outra história...

Referências bibliográficas

BASTOS, L. K. *Coesão e coerência em narrativas escolares escritas*. Campinas: Unicamp, 1994.

BROWN, G.; YULE, G. *Discours analysis*. Cambridge: CUP, 1983.

CALIL, E. *Autoria*: (e)feito de relações inconclusas [um estudo de práticas de textualização na escola]. Tese (Doutorado) — IEL/Unicamp, 1995.

CHAROLLES, M. Introduction aux problèmes de la coherence des textes. *Langue Française*, Paris, Larousse, n. 38, p. 7-41, 1978.

VAN DIJK, T. A.; KINTSCH, W. *Strategies of discourse comprehension.* Nova York: Academic Press, 1983.

HAROCHE, Cl. *Fazer dizer, querer dizer.* São Paulo: Hucitec, 1992 [1983].

JOLIBERT, J. *Formando crianças produtoras de textos.* Porto Alegre: Artes Médicas, 1994.

KATO, M. A. A busca de coesão e da coerência na escrita infantil. In: KATO, M. A. (Org.). *A concepção da escrita pela criança.* São Paulo: Pontes, 1988.

KOCH, I. G. V. Dificuldades na leitura/produção de textos: os conectores interfrásticos. In: STAUB, A.; CLEMENTE, E. (Orgs.). *Linguística aplicada ao ensino de português.* Porto Alegre: Mercado Aberto, 1987.

______. A atividade de produção de texto. *Cadernos de Estudos da Linguagem*, Campinas, Unicamp, n. 24, p. 65-73, 1993.

______; TRAVAGLIA, L. C. *Texto e coerência.* São Paulo: Cortez, 1989.

LEMOS, C. T. G. Sobre aquisição de linguagem e seu dilema (pecado) original. *Boletim da Abralin*, Recife, Ed. da Universidade Federal de Pernambuco, n. 3, p. 97-126, 1982.

______. Interacionismo e aquisição de linguagem. *D.E.L.T.A.*, São Paulo, Ed. da PUC, n. 2, p. 231-48, 1986.

______. Uma abordagem socioconstrutivista da aquisição da linguagem: um percurso e muitas questões. In: ENCONTRO NACIONAL SOBRE AQUISIÇÃO DE LINGUAGEM, 1., *Anais...* CEAAL--PUC/RS, p. 10-13, 1991.

______. Prefácio. In: PERRONI, M. C. *Desenvolvimento do Discurso Narrativo.* São Paulo: Martins Fontes, 1992. p. IX-XVIII.

______. *Na esteira do significante*: uma proposta radical em aquisição de linguagem. [Em preparação.]

ORLANDI, E. P. *Discurso e leitura.* Campinas: Unicamp, 1988.

ORLANDI, E. P. *As formas do silêncio*: no movimento dos sentidos. Campinas: Unicamp, 1992.

______. Vão surgindo sentidos. In: ______ (Org.). *Discurso fundador*: a formação do país e a construção da identidade nacional. Campinas: Pontes, 1993.

______. Uma amizade firme, uma relação de solidariedade e uma afinidade teórica. In: ______ (Ed.). *Gestos de leitura*: da história no discursos. Campinas: Unicamp, 1994.

______; GUIMARÃES, E. Sujeito e texto. In: *Cadernos PUC*, São Paulo, Educ, n. 22, p. 58-79, 1987.

PÊCHEUX, M. *Semântica e discurso*: uma crítica à afirmacão do óbvio. Campinas: Unicamp, 1988 [1975].

______. *Discurso*: estrutura ou acontecimento. Campinas: Pontes, 1990 [1983].

SCHANK, R. C.; ABELSON, R. P. *Scripts, plans, goals and understanding*. Hillsdale. Nova Jersey: Erlbaum, 1977.

GRÁFICA PAYM
Tel. [11] 4392-3344
paym@graficapaym.com.br